상군서

동양의 마키아벨리즘

e시대의 절대사상

상군서

동양의 마키아벨리즘

| 장현근 | 상앙 |

살림

*e*시대의 절대사상을 펴내며

　고전을 읽고, 고전을 이해한다는 것은 비로소 교양인이 되었다는 뜻일 것입니다. 또한 수십 세기를 거쳐 형성되어 온 인류의 지적유산을 제대로 이해하고, 그 바탕 위에서 새로운 자기만의 일을 개척할 때, 그 사람은 그 방면의 전문가가 될 수 있을 것입니다. 프랑스의 대입제도 바칼로레아에서 고전을 중요하게 취급하는 까닭도 그와 같은 이유 때문이겠지요.

　그러나 예전에도, 현재에도 고전은 유령처럼 우리 주위를 떠돌기만 했습니다. 막상 고전이라는 텍스트를 펼치면 방대한 분량과 난해한 용어들로 인해 그 내용을 향유하지 못하고 항상 마음의 부담만 갖게 됩니다. 게다가 지금 우리는 고전을 읽기에 더 악화된 시대를 살고 있습니다. 변하지 않고 있는 교육제도와 새 미디어의 홍수가 우리를 그렇게 만들고 있는 것입니다.

　고전을 읽어야 하지만, 읽기 힘든 것이 현실이라면, 고전에 친근하게 다가갈 수 있는 새로운 방법을 응당 고민해야 하지 않을까요? 살림출판사의 *e*시대의 절대사상은 이러한 문제의식을 가지고 기획되었습니다. 고전에 대한 지나친 경외심을 버리고, '아무도 읽지 않는 게 고전'이라는 자조를 함께 버리면서 지금 이 시대에 맞는 현대적 감각의 고전을 만들고자 했습니다.

고전의 내용이 지나치게 주관적으로 해석되어 전달되는 위험을 피할 수 있도록 그 분야에 대해 가장 정통하면서도 오랜 연구 업적을 쌓은 학자들이 자신의 경험을 응축시켜 새로운 고전에의 길을 열고자 했습니다. 마치 한편의 잘 짜여진 다큐멘터리 프로그램을 보듯 고전이 탄생할 수 있었던 시대적 배경과 작가의 주변 환경, 그리고 고전에 담긴 지혜를 재미있게 습득할 수 있도록 내용을 구성했고 난해한 전문용어나 개념어들은 최대한 알기 쉽게 설명했습니다.

이전에 경험하지 못했던 새로운 감각의 고전 *e*시대의 절대사상은 지적욕구로 가득 찬 대학생·대학원생들과 교사들, 학창시절 깊이 있고 폭넓은 교양을 착실하게 쌓고자 하는 청소년들, 그리고 이 시대의 리더를 꿈꾸는 모든 사람들에게 생생하게 살아 숨쉬는 인류 최고의 지혜를 전달할 것이라고 확신합니다.

기획위원

서강대학교 철학과교수 강영안

이화여자대학교 중문과교수 정재서

들어가는 글

문화는 전파와 수용 과정에서 갈등을 겪기도 하지만, 결국은 가장 적절한 형태의 융합을 이루어 해당 지역 사람들의 삶의 방식을 한 단계 끌어올리는 역할을 한다. 그렇게 바뀐 문화는 처음 전파지역으로 다시 거꾸로 흘러들어 가기도 하고 제3지역의 문화를 변화시키기도 한다. 인류문명, 특히 지성의 성취는 의도한 것이든 의도하지 않은 것이든 이와 같은 인류의 자발적 문화융합의 산물이다.

인류문화는 상호성·교류성·융합성·자연성을 그 특징으로 한다. 한 문화는 그 나라만의 유산이 아니다. 다양한 층차의 상호 교류와 문화융합을 통해 후배들은 태어난 지역을 불문하고 선배들이 남겨놓은 인류 공동의 유산을 자연스럽게 공유한다. 예컨대

한자가 중국인만의 성과물이 아니듯이 동서양 어느 지역 지성들의 성과물이든 인류 공동의 유산으로 보아야 한다. 고전으로 불리우는 선인들의 업적은 지역과 시대를 초월한 보편적인 문화이상을 담고 있다.

그런데 자국의 '이익'이 최고로 강조되는 오늘날에 이르러 인류는 지성을 공유하여 새로운 문화를 견인하는 역사적 지혜를 이어가지 못하고 있는 듯하다. 자국의 이익만을 추구하는 배타적인 부국강병론이 문화의 다양한 성취 가능성을 억누르고 있으며, 인류 공동의 지성이 만들어낸 성과물에 대해서도 이해타산에 입각한 비자발적 선택을 강요하고 있다. 문화적 이상을 내비치면 현실적이지 못하다고 비판받으며, 문명의 복합성을 얘기하면 구체적이지 못하다고 비판받는다. 눈앞의 성과와 경쟁에서 승리를 가져올 수 없는 주장은 탁상공론으로 매도당한다. 이 점에서『상군서』는 오늘날 우리의 고민과 맞닿아 있다.

법가 사상가들은 이상보다 현실을, 추상보다 구체를, 장기적인 문화의 성취보다 단기적인 힘의 성취를 추구한다. 그 중 상앙의 주장은 특히 배타적인 부국강병론을 대표한다. 경제적 이익을 가져다주지 못하고 군사적 승리를 가져다주지 못하는 일체의 학문과 사상을 탁상공론으로 매도할 뿐만 아니라 철저히 억압하고 잔인하게 말살한다. 그리하여 창출된 새로운 군사문화는 통일 중국의 기초가 되었으며, 그의 책은 후대 모든 부국강병론자들의 지침서가 되었다.

이상이냐 실재냐에 대한 우리의 선택과 갈림은 기나긴 세월 동안 선인들이 길러온 역사적 지혜에 기댈 수밖에 없는 듯하다. 이상이 있음으로써 현실의 문제점을 재단할 수 있으며, 추상을 앎으로써 실체를 구체화시킬 수 있다. 장기적인 꿈과 희망이 없다면 단기적인 목적 달성이 무슨 의미를 지니겠는가. 다양한 층차의 문화융합이야말로 인류 역사의 동력이다. 억압으로 틀어막는 것은 우매한 짓이다. 이 거대한 물줄기를 자연스럽게 터주는 것이야말로 인류문명의 전진을 위한 바른 길이다.

다양한 문화적 성취 가능성을 철저히 배제한 상앙의 이론과 실천은 초단기적으로 부국강병을 달성한 놀라운 성과를 올렸다. 그러나 그 자신은 참혹하게 죽임을 당했으며, 그의 방법으로 중국 통일에 성공한 진나라이지만 불과 15년 만에 망해버렸으며,『상군서』는 계승자도 없고 더 이상의 이론적 발전도 없이 역사 속에 묻히고 말았다. 우(禹)와 그의 아버지 곤(鯀)은 다 같이 황하(黃河) 치수사업에 임하였다. 곤은 흐름을 막는 방법으로 물줄기를 잡으려들었고, 우는 흐름을 터주는 방법으로 물줄기를 잡으려들었다. 곤은 죽임을 당했고 우는 천자가 되었다.

세계의 여기저기에서 다양하고 활발한 문화융합이 이루어져 더 나은 인류문명의 전진이 있기를 바라는 필자의 생각과『상군서』는 정반대 입장에 있다.『상군서』는 눈앞의 부국강병에 매진하는 사람들에게 채찍의 유용성을 깨우쳐 주는 지혜 주머니 역할을 해줄 것이다. 반면, 항구적인 문화 이상을 꿈꾸는 사람들에게 『상군서』는 채찍의 위험성과 인류문명의 미래를 더욱 깊이 생각하게 하는 성찰의 시간이 되어 줄 것이다.

자국의 경제적 이익과 민족의 배타적 단결만을 강조하는 오늘날, 문화융합의 물줄기를 트느라 애쓰는 살림출판사의 e시대의 절대사상이 성공하길 기대한다.

2004년 늦가을 獨醒齊에서

장현근

동양의 마키아벨리즘

상군서

3장 『상군서』, 어떤 사상을 담고 있는가

2부 본문

동양의 마키아벨리즘

상군서

3부 관련서 및 연보

1부

시대 · 작가 · 사상

상앙은 큰 사상가였다. 그 당시도 그러했고, 지금 보아도 마찬가지다. 그는 치열한

사상경쟁의 시대에 태어나 법(法)을 중심으로 한 독특한 이론을 전개함으로써 다른

학파들과 견줄 수 있는 훌륭한 이론을 만들어냈다. 법가는 정치사상의 측면에서 유

가와 쌍벽을 이루며 경쟁한 사상학파이다. 『상군서』에는 그러한 법가 이론의 핵심

적인 주장들이 고스란히 담겨 있다.

1장

『상군서』는 어떤 책인가

통일중국의 기초는 누가 다졌을까

이로움을 추구하지 않는 사람이 어디 있을까? 이익만을 탐하는 이기적인 사람도 있고, 희생과 봉사로 이익을 따지지 않는 사람도 있고, 아예 명리를 멀리 하고자 끝없이 수도하는 사람도 있다. 그런 크고 작은 차이가 있을 뿐, 사람은 누구나 이롭기를 바란다.

죽음을 두려워하지 않는 사람이 어디 있을까? 소심하여 비겁한 사람도 있고, 용기와 대담성으로 죽음을 마다하지 않는 사람도 있고, 아예 생사를 초월하고자 끝없이 수양하는 사람도 있다. 그런 크고 작은 차이가 있을 뿐, 사람은 누구나 죽음을 두려워한다.

이익을 바라고 죽음을 두려워하는 사람들의 위와 같은 성질을 극단적으로 이용하여 탁월한 정치적 효과를 거둔 사람이 상앙(商鞅)이다. 오늘날의 거대한 통일중국은 진시황이 없었으면 불가능하였다. 진나라 최초의 중국통일은 상앙이 없었으면 불가능하였다. 전쟁의 시대에 인구는 적고 국력은 약한 진나라를 불과 20년도 안 되는 짧은 세월에 중국 최고의 강국으로 발전시킨 상앙, 그리하여 통일중국의 기초를 다진 그는 도대체 어떤 사람일까?

말을 잘 조련시키는 사람은 당근과 채찍을 적절히 사용할 줄 안다. 나라를 잘 다스리는 정치가는 상과 벌을 적절히 사용할 줄 알아야 한다. 이러한 상벌수단을 효과적으로 이용하여 뛰어난 정치적 효과를 거둔 사람이 상앙이다. 진나라 이후 2천 년간 중국은 전제군주에 의한 중앙집권적 통치를 하였다. 군주전제는 중국의 춘추전국시대 법가 사상가들이 확립해낸 정치제도이다. 끊임없이 분열과 통합을 거듭하면서도 중국이 강대한 중앙집권국가를 유

상앙 초상
중국 오승연(吳承硯) 선생의 그림으로 현재 중국문화대학(대만) 화강(華岡)박물관에 소장되어 있다.

지할 수 있었던 것은 상과 벌의 효과적 운용과 관련이 있다. 상앙은 상벌 중심의 법가사상 확립에 지대한 공헌을 한 대표적 사상가이자 정치가였다.

그 훌륭한 공로를 인정하여 사마천은 특별히 그를 위해 긴 「열전(列傳)」을 지었다. 그러고는 '공적은 위대했으나 인간성엔 문제가 있었다'는 어정쩡한 평가를 달았다. 그 후로 2천 년간 상앙은 권모술수의 화신이요, 인의도덕이 부족한 무정한 사람으로 취급받았다. 20세기 초에 와서야 중국 역사상 가장 뛰어난 6대 정치가의 한 사람으로 그를 평가하여 상앙의 전기를 쓴 사람[1]이 나타났을 뿐, 그 긴 세월 동안 평전 하나 없었다.

그 이유는 무엇일까? 제국들이 통치이념으로 유가를 선택했기 때문이다. 겉으로는 인의도덕을 외치면서 속으로는 잔인한 형벌통치를 행했던 중국의 정치 전통 때문이었다. 이러한 전통을 전문용어로 외유내법(外儒內法)이라고 한다. 외유내법은 유가의 옷을 입었을 뿐 실제로는 법가적 통치를 행한다는 말이다. 그래서 상앙은 중국 역사의 내면 깊숙이 감추어져 버렸던 것이다. 다시 분열과 경쟁의 시대가 된 20세기에 상앙을 잠에서 깨우는 노력이 여기저기서 진행되고 있다. 이렇게 그와 그의 추종자들이 만든 『상군서』는 다시 빛을 보게 되었다.

『상군서』는 부국강병의 지침서이다

　상앙은 큰 정치가였다. 그 당시도 그러했고, 지금 보아도 마찬가지다. 난세에 태어나 변법(變法)이라고 불리는 두 차례의 정치개혁을 성공시켜 최약국가를 최강국가로 만들었다. 부국강병을 위한 그의 아이디어와 정책, 그리고 역사와 사회를 보는 시각이 고스란히 담겨 있는 책이 바로 『상군서』이다.

　상앙은 큰 사상가였다. 그 당시도 그러했고, 지금 보아도 마찬가지다. 치열한 사상경쟁의 시대에 태어나 법(法)을 중심으로 독특한 이론을 전개함으로써 다른 학파들과 견줄 수 있는 훌륭한 이론을 만들어냈다. 정치사상의 측면에서 유가와 쌍벽을 이루며 경쟁한 사상학파가 법가인데, 『상군서』는 그러한 법가 이론의 핵심적인 주장들이 고스란히 담겨 있다.

'어떤 체제나 사상의 형성은 이론가의 손에서 나오는 것이 아니라 갈등하는 현실 속에 실제로 행동하는 사람의 손에서 나온다'는 버트란드 러셀의 말은 상앙의 경우에 잘 들어맞는다. 그는 현실과 이상의 갈등을 잘 소화해낸 인물이었다. 그는 자기가 만든 법을 고집스레 몸으로 지켰으며, 일관된 사유체계를 유지하였다. 사상가로서 부국강병을 주장하였고, 정치가로서 부국강병정책을 실천하였으며, 성공하였다.

이론에 밝은 사람은 많다. 실천을 잘하는 사람도 많다. 그러나 이론과 실천을 겸할 수 있는 사람은 많지 않다. 이론과 실천을 겸하면서 그것을 성공시킨 사람은 매우 드물다. 그것이 국가 전체의 미래와 직결된 정치개혁이라면 더더욱 찾아보기 힘들다. 중국 역사상 여러 차례 변법이 있었다. 그러나 확실히 성공을 거두어 그 결과를 역사적으로 공유하게 한 사람은 상앙 한 사람뿐이었다. 『상군서』는 정치개혁에 대한 아이디어 창고이다.

『상군서』를 읽고 있으면 공과 사를 구분하는 능력이 생긴다. 법에 대한 신념이 생긴다. 국가의 발전을 위해 무엇이 중요한 것인지 알 수 있게 된다. 부국강병을 위해 지도자가 취해야 할 태도를 알 수도 있다. 단결이 얼마나 중요한지도 알 수 있으며, 백성들에 대한 채찍이 가져다 주는 정치적 효과를 이해할 수도 있다. 『상군서』는 부국강병의 정면교사이다.

그러나 한편으로 『상군서』를 읽고 있으면 인간사회에서 문화가 얼마나 중요한가를 깨닫게 된다. 법만을 추구하는 것에 대한 두려움도 생긴다. 부국강병을 실현하기 위해 얼마나 많은 희생이 따라야 하는지를 알 수 있게 된다. 부강 외에 지도자가 신경을 써야 할 분야를 생각하게 된다. 획일적 단결이 불러오는 문화의식의 황폐화를 알 수 있으며, 채찍의 뒷면에 따라붙는 정치적 회의를 이해할 수도 있다. 『상군서』는 문화 이상의 반면교사이다.

『상군서』는 어떻게 전해져 왔는가

오늘날 전해지는 『상군서』는 모두 26편이다. 고대 두루마리 편제로 나누었을 경우 5권으로 구분되었다. 그 가운데 두 편은 제목만 있고 내용이 없어졌다. 그러니 사실 24편만 존재하는 셈이다. 2만1천여 자에 불과한 크지 않은 책이다. 길지는 않지만 옛 한문 구성의 특성상 풍부한 함축적 의미를 지니고 있는 고전이다. 한 편이 한 분야의 내용을 담은 작은 책자와 같으므로, 사실은 24권으로 구성된 총서인 셈이다. 법치와 부국강병이란 하나의 논리로 일관하고 있지만 다루고 있는 내용은 매우 다양하다. 전체적으로 각양각색의 정치·경제 문제를 다루고 있으며 군주전제주의를 옹호하는 정치학 교과서로 볼 수 있다.

중국의 고서 가운데 가장 먼저 『상군서』를 언급한 책은 『한비자』이다. 「오두(五蠹)」편에서 한비는 "요즘 경내의 백성들은 모두 좋은 정치에 대해 얘기하며, 집집마다 관중(管仲)과 상앙의 법을 가지고 있다"고 말한다. 그는 상앙보다 100여 년 뒤의 사람이니 말에 믿음이 간다. 당시 확실히 '상앙의 법'이란 책자가 있었으며 대단히 유행했었다는 얘기다. 하지만 한비가 말한 '상앙의 법'이 오늘날 우리가 갖고 있는 『상군서』와 동일한 책인지에 대해선 고증할 방법이 없다. 관련 학자들의 연구 결과에 따르면, 『상군서』의 출현은 분명히 『한비자』보다 빠르다. 한비가 말한 '상앙의 법'은 현존 『상군서』의 최초의 원본이었을 것이다.

『상군서』의 구체적 편명까지 언급한 두 번째 사람은 한비보다 100여 년 뒤의 사람인 『사기』를 쓴 사마천이다. 「상군열전」에서 그는 "내가 『상군』의 「개색(開塞)」·「경전(耕戰)」이란 책을 읽어보니 그 사람이 행했던 일들과 서로 비슷하였다"고 말한다. 이 두 편은 오늘날 전해지는 『상군서』의 두 편명이다. 이는 적어도 사마천 이전에 『상군서』란 책 이름과 편수 등이 확정되었음을 뜻한다.

또 백수십 년이 흐른 뒤의 『한서』 「예문지(藝文志)」에는 법가로 『상군』 29편이 있었고, 병가로 『공손앙(公孫鞅)』 27편이 있었다고 한다. 공손앙은 상앙의 다른 이름이다. 상앙은 법가 사상가이기도 하지만 군사 분야에도 탁월한 업적이 있었던 듯하다. 현재 『공손앙』이란 병법 책은 사라지고 없다. 『상군』에 '서'자를 보태 『상군서』라고 처음 이름 붙인 사람은 『삼국지』의 그 유명한 제갈량이다(『제갈량집』). 그러다가 당나라 때 책을 재정리하며 『상자(商子)』로 불리게 되었다. 내내 그렇게 부르다가 청나라 때 엄만리(嚴萬里)란 유명한 학자가 문자교정을 보면서 다시 『상군서』란 이름을 회복시켰고, 오늘날까지 그렇게 쓰이고 있다.

책이 너무 오래되다 보니 중간에 없어진 내용도 많고, 현재 남아 있는 24편도 중간에 빠진 문장도 있고, 어긋난 글자도 한둘이 아니다. 하지만 주사철(朱師轍) 등 관련 연구자들의 각고의 노력으로 지금은 중국어본, 한글본, 일어본, 영어본 등이 다양하게 있어 『상군서』의 맛을 느끼기엔 부족함이 없다. 대부분은 다음과 같은 편제로 구성되어 있다.

제1편: 변법의 필요성을 역설한 「경법(更法)」

제2편: 황무지 개간을 주장한 「간령(墾令)」

제3편: 백성들을 농경과 전투에 종사시켜야 한다는 「농전(農戰)」

제4편: 국익에 해로운 것을 엄벌해야 한다는 「거강(去彊)」

제5편: 백성들의 성정을 이용하자는 「설민(說民)」

제6편: 토지와 인구분배를 다룬 「산지(算地)」

제7편: 군주에게 변화를 촉구하는 「개색(開塞)」

제8편: 인민들을 농전에 귀의케 하라는 「일언(壹言)」

제9편: 법령제정을 다룬 「착법(錯法)」

제10편: 전쟁과 정치의 관계를 얘기한 「전법(戰法)」

제11편: 용병을 나룬 「입본(立本)」

제12편: 방어전을 다룬 「병수(兵守)」

제13편: 형벌의 중요성을 다룬 「근령(靳令)」

제14편: 권력행사 수단의 장악을 강조한 「수권(修權)」

제15편: 인구 유입을 주장한 「내민(徠民)」

제16편: 「형약(刑約)」(내용 없음)

제17편: 상·형벌·교화의 효과를 논한 「상형(賞刑)」

제18편: 시대변화에 입각한 정책기획인 「화책(畵策)」

제19편: 호적·군작 관련 법령집인 「경내(境內)」

제20편: 백성들의 자기 주장을 약화시키라는 「약민(弱民)」

제21편: 제목·내용 없음

제22편: 어렵고 고통스러워도 오직 농전하라는 「외내(外內)」

제23편: 군신 간 역할 구분을 다룬 「군신(君臣)」

제24편: 관민 상호 감시와 상벌통제를 다룬 「금사(禁使)」

제25편: 법의 중요성을 다룬 「신법(愼法)」

제26편: 명분을 확정해야 한다는 「정분(定分)」

이 가운데 여러 편은 상앙과 그의 주군인 진효공(秦孝公)과의 대화이기도 하고, 또 여러 편은 강력한 법치를 주장하는 논문이며, 어떤 편은 상앙의 주장을 여기저기서 끌어 모아 엮어놓은 것도 있고, 중복이 심하거나 주장 사이에 심한 불일치를 보인 편도 있다. 몇 편은 내용 가운데 상앙보다 후대에 일어난 일이 끼어 있는가 하면, 논리적으로 상앙의 저작이라고 보기 어려운 부분도 있다.

이러한 이유 때문에 『상군서』가 상앙의 저작이 아니라는 주장이 송나라 때부터 개진되어 왔다. 혹자는 상앙이 젊어서부터 온 정력을 정치에 쏟아 왔으며, 정계에서 쫓겨나 급박한 죽음의 길로 내몰렸던 상황을 들며 그가 저술할 시간적 여유가 없었을 것이라고 주장하기도 한다. 송나라 때 한 학자는 『상군서』를 문장 형식도 제대로 갖추지 못하고, 주장은 황당무계하며, 상앙은 그저 법을 다루는 재주 있는 관리에 불과했을 것이라고 폄하하기도 했다. 유가의 입장을 조금이라도 견지하고 이 책을 읽으면

『상군서해고』
이 책 2부의 원전인 주사철의 『상군서해고』
첫 페이지.

확실히 그런 생각이 든다. 엄밀히 관찰해 보면 현존하는 『상군서』의 몇 편은 상앙을 추종하는 후대 사람들의 작품으로 보이기도 한다.

그러나 현존하는 거의 모든 제자백가의 책이 3백~4백 년이 지난 한나라 후반에 취합되어 재정리된 것임을 염두에 둔다면 『상군서』에 들이댄 가혹한 잣대를 그대로 받아들이기 어렵다. 누구든 면밀히 이 책을 읽어보고, 또 그의 주장을 당시의 현실에 비추어 이해해 보려는 태도만 지닌다면 짧은 몇 마디 혹은 몇 편 때문에 책 전체를 매도하지는 못할 것이다. 철저한 법치주의자와 현실주의자의 눈으로 볼 때 『상군서』는 대단한 걸작이다.

현대의 상앙 연구자들은 대체로 『상군서』 대부분이 상앙 본인의 저작이거나 『논어』처럼 상앙문파의 후예들이 썼을 것이라고 말한다. 이러한 위서 논란에도 불구하고 책 전체의 주장은 일관되며, 상앙의 실제 행적과 일치하여 법가 이론의 지침서로서 이 책의 가치는 전혀 흔들림이 없다.

2장

상앙은 어떤 시대를 살았는가

경쟁의 시대, 전쟁의 시대

　주나라 봉건제도 아래서 천자는 천하를 다스리고, 제후는 천자가 배정해준 국(國)을 맡았으며, 대부는 제후 밑에서 토지에 기반을 둔 가(家)를 이끌었다. 춘추시대엔 세력이 커진 제후들이 천자를 마음대로 움직이며 소위 패자의 정치, 회맹(會盟)의 정치를 하였다. 춘추시대 후반에 이르면 강대국들은 주변의 무수한 약소국들을 병합하며 세력을 넓혀 갔다. 전쟁이 일상사가 되고 민중들의 생활은 피폐해졌다. 각 나라들은 살아남기 위해 치열한 노력을 기울였다. 공자와 같은 학자들은 경쟁의 시대에도 인의도덕을 지켜 전통시대처럼 종가의 권위를 살려야 한다고 역설하였다. 그러나 위계질서가 무너진 세상은 걷잡을 수 없는 힘의 경쟁장으로 바뀌어

갔다.

　대부 신분으로 세력을 기른 전(田)씨가 강(姜)씨의 제(齊)나라 정권을 마음대로 움직이게 되었다. 그리고 마침내 중원의 대국이던 진(晉)나라를 대부 신분의 위(魏)씨 · 한(韓)씨 · 조(趙)씨가 셋으로 갈라 각각 차지해 버렸다. 이 때가 기원전 453년이다. 춘추시대는 이제 끝났다. 그로부터 50년이 지나 주 왕은 이들을 제후국으로 인정하는 형식적인 절차를 마쳤다. 위(衛)와 같이 조그만 식읍을 가진 소국 몇을 제외하고, 중국은 위 · 한 · 조 · 제 · 진(秦) · 초(楚) · 연(燕)의 일곱 영웅이 각축하는 바야흐로 전국시대에 들어섰다.

　'춘추시대에 비해 예의도 신의도 없고, 종실을 따지지도 않으며, 더 이상 제사의식을 챙기지도 않은 전국시대엔 나라끼리 고정된 교류를 한 일도 없고, 사(士)들이 한 주군만을 섬기는 일도 없었다'고 한다. 이는 명나라 말 대학자 고염무(顧炎武)의 얘기다. 대변동의 시대에 오직 치열한 부국강병의 경쟁만이 있었다는 말이다. 정치적으로 봉건제도는 군현제도로

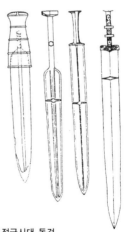

전국시대 동검
낙양, 장사 등지에서 출토된 춘추전국시대 청동 검. 28~41cm로 비교적 짧다.

바뀌었다. 봉지를 인척과 공신들에게 적당히 나누어주어 자치를 허용했던 봉건제도로는 군주가 직할 통치하는 군현제도만큼 강력한 국가를 건설할 수 없었다. 그에 맞추어 귀족정치는 군주전제정치로 바뀌어 가기 시작했다.

군주들의 최대 관심사는 부국강병과 군권의 공고화였다. 전쟁의 시대를 이겨나갈 생존전략이기도 하였으며, 궁극적으로 유명무실해진 왕실을 엎고 천하를 얻어보고자 하는 욕망이 감추어져 있었다. 내적인 통일과 외적인 발전을 위해 7웅은 한결같이 강력한 군주 중심의 권력집중을 요구하였고, 이에 따른 정치개혁이 여기저기서 이루어졌다. 법가정책을 채택한 위나라가 처음으로 개혁에 성공하여 중원의 최강국이 되었다. 그에 온 세상은 법가적 정치개혁의 경쟁터가 되었다. 상앙 변법만큼 대성공을 거두지는 못했지만 어느 나라든 개혁의 성과를 톡톡히 누리게 되었다. 상앙의 변법은 우연이 아니라 시대조류에 순응한 것이었다. 비슷한 시기에 맹자가 여러 나라를 돌아다니며 왕도정치를 역설하였으나 받아들여지지 않았던 것도 이러한 시대상황과 무관하지 않다.

한편, 제후가 천자를 농락하고 대부가 제후의 권력을 탈취하는 하극상은 사회계급의 일대 변동을 가져왔다. 귀족들이 독점하던 지식은 그들의 몰락과 함께 민간에 보편화되기 시작하였으며, 원래 대부의 가신이었던 사(士)들은 지식을 축적하여 군주의 요구에 부응하려 하였다. 반면 귀족정치를 극복하고 군권을 확고히 하려는 군주들은 토지기반을 갖지 못한 이 선비들을 녹봉을 미끼로 유인하였다. 두 집단의 이해관계가 맞아떨어진 것이었다. 부국강병의 아이디어를 가진 선비들은 어느 나라를 가든 군주들의 귀한 대접을 받았다. 제나라 위왕(威王)은 이런 명령을 내린 적이 있다. "과인의 잘못을 면전에서 꾸짖을 수 있는 사람에겐 상급의 상을 내릴 것이며, 글을 올려 과인에게 간하는 사람에겐 중급의 상을 내릴 것이며, 저 자거리에서 비판논의를 하여 과인의 귀에 들리도록 할 수 있는 사람에겐 하급의 상을 내리겠노라(『전국책 (戰國策)』「제책일 (齊策一)」)." 그리하여 간하려는 사람이 문전성시를 이루었고, 제나라는 강국이 되어 그 후 20년간 감히 제나라를 공격하려는 제후들이 없었다.

전국시대 각국의 정치개혁은 대부분 신흥 지식인 집단인 선비 계층이 일궈냈다. 개혁을 위한 방법은 선비들의 숫자만큼 다양하였다. 부국강병의 핵심은 인구유입이었다. 인구가 많아지면 세원이 늘고 노동력이 증가하고 군비증강이 유리하기 때문이다. 상앙의 20년쯤 후배인 맹자의 왕도론이나 장자의 도덕론이 사실은 인구유입을 통한 정치개혁이 이론의 중요한 목적 가운데 하나였다고 할 수 있다. 특히 땅은 넓으나 인구가 절대 부족하여 세금 수수와 군사 동원의 한계 때문에 진나라는 대량의 급속한 인구유입이 필요했다.

그 수많은 제자백가들의 주장 가운데 유독 법가들의 주장이 당시 군주들의 의지와 딱 맞아떨어졌다. 대체로 춘추시대 진(晉) 지역에 뿌리를 둔 새로운 사유로서 법가사상은 안으로는 국내적 통합을 추구하고, 밖으로는 군사석 발전을 희구한다. 세부적 내용에선 군주권력을 드높이기 위해 귀족권력을 삭감하는 방법을 고민하고, 부국강병을 달성하기 위해 중농주의(重農主義)와 군국주의(軍國主義)를 제기한다. 전국시대 신흥 군주들의 요구에 법가들이 영합한 것인지, 법가들의 주장이 이들 군주들의 입맛에 맞아서인지에 대해서는 더 많은 고증이 필요하다. 어쨌든 당시 거의 모든 군주들은 법가를 고급 관료로 채용하여 정치개혁을 행하였다. 법가사상은 강렬한 시대성을 대변하며, 상앙은 그 중심에 있었다.

약한 나라, 진(秦)나라

상앙이 주로 활동했던 무대는 당시 서쪽에 치우쳐 정치적·문화적으로 낙후되어 있던 진나라였다. 진은 원래 위수(渭水) 상류지역인 오늘날의 중국 감숙성(甘肅省) 천수현(天水縣)에서 출발하였다. 영비자(嬴非子)가 주 왕실로부터 처음 이곳에 봉해진 뒤, 진장공(秦莊公) 때 견융(犬戎)족 토벌의 공로를 인정받아 서수대부(西垂大夫)로 임명되었다. 목공(穆公) 때는 서쪽의 많은 민족들을 굴복시키고 동쪽 진(晉)나라에 맞서 한차례 위용을 떨치기도 했었다. 그러나 넓은 영토에 비해 적은 인구, 문화적 낙후 등으로 그 후 오랫동안 중원의 경쟁 대열에 끼지 못하였다.

전국시대에 이르러 중원의 여러 나라는 철기의 보급으로

진과 6국
전국시대 진나라 및 그와 경쟁했던
동쪽 여섯 나라의 지도.

깊은 밭갈이가 가능해져 농업의 잉여가 늘어났다. 자연스럽게 상공업이 발달하게 되면서 빈부 차이가 생겨나는 등 활발한 사회변동이 이루어졌다. 그에 따른 정치개혁도 착착 진행되었다. 그러나 진나라는 아직도 융(戎)족의 풍습에 젖어 인의보다 폭력을 앞세우기도 하고, "아버지와 아들이 같은 방에 산다거나 남녀가 유별하지 못하는(『사기』「상군열전」)" 등 동방의 여러 나라들에 비해 큰 차이를 보였다. 중원 여러 나라들이 야만적으로 취급하는 순장(殉葬) 풍습이 여전히 남아 있기도 했다.

또 군권이 확립되지 못하여 국정이 귀족들의 손아귀에서 놀아나고 내란도 자주 발생하였다. 귀족들은 군주의 폐위와 옹립을 마치 특권처럼 누렸다. 주로 장관격인 서장(庶長)이 주도하였고 이 때문에 정변이 일어나기 일쑤였다. 회공(懷

公)을 핍박하여 자살하게 만들었으며, 먼저 아들을 옹립한 뒤 군주인 출자(出子)를 죽이기도 하였다. 대권은 좌서장(左庶長)이 장악했다. 한마디로 엉망이었다. 국토는 여기저기 깎였다.

헌공(獻公) 또한 귀족들에 의해 옹립되었다. 그러나 그는 윗대와 사뭇 달랐다. 군주의 권위를 되찾으려 절치부심하였다. 그는 즉위하자마자 몇 가지 개혁을 단행하였다. 귀족들을 누르고 군권을 확립하기 위해선 무엇보다 민심을 자신의 편으로 끌어오는 것이 중요했다. 그는 순장의 악습을 폐지하여 민심을 모았다. 다섯 집을 하나로 묶는 호적편제법을 공포하여 민심의 분산을 막았고, 현(縣)을 설치하여 직할통치의 의향을 드러냈다. 군권을 회복하고 군대를 정돈하여 위나라와의 전쟁에서 두 차례 승리하자 백성들의 사기는 크게 올랐다.

그의 아들 효공(孝公)이 스물한 살(기원전 361년)에 즉위하였다. 이때 서쪽에 혜성이 나타났다고 한다. 효공은 함곡관이란 천혜의 요새가 지켜주고 비옥한 토지에 강한 백성들이 살고 있는 진나라가 왜 강해지지 못하는지 고민하였다. 동쪽의 여섯 강국들은 주 왕실의 쇠락을 틈타 서로 겸병 전쟁을 일삼았고, 특히 위나라와 초나라는 장성을 쌓는 등 호시탐탐 진나라를 노렸다. 이들은 옹주(雍州) 구석에 박혀 있는 진나라를 오랑캐 취급하며 그들의 모임에 끼워 주지도 않았다. 효공은 기필코 부국강병을 달성하여 이 치욕을 앙갚음하리라 각오하였다. 그는 마침내 천하의 현인을 초빙한다는 '초현령(招賢令)'을 발포하였다.

> "옛날 우리 목공대왕께선 기산(岐山)과 옹주에서 일어서시어 덕을 쌓고 무력을 길러 동쪽으로 진(晉)의 난리를 평정하시고 서쪽으로 융적들을 제패하시어 영토를 천 리나 넓히시었다. ……(그런데 후대에 잘못하여) 그지없이 추하게 되었다. 헌공께서 즉위하신 뒤 변경을 어루만지시고 역양(櫟陽)을 정비하시어 동쪽을 정벌함으로써 목공의 옛 땅을 수복하고 목공의 정책을 이어받고자 하시었다. 과인은 선군의 뜻을 생각할 때마다 가슴이 아프다. 빈객이나 여러 신하들 가운데 계책을 내어 우리 진나라를 강하게 만들 수 있는 자가 있다면, 내 그에게 최고의 관직을 수여하겠으며 땅을 나누어 주겠노라."
>
> —『사기』「진본기」

상앙과 그를 알아준 주군 진효공과의 운명적인 만남을 예고한 명령이었다.

쓰지 않으려면 반드시 죽이십시오 :
위나라의 상앙

이때 상앙은 위(魏)나라에서 벼슬을 지내고 있었다. 위(衛)나라 출신이라 위앙(衛鞅)이라고도 불리며, 소국이었지만 위의 공족이었던 그의 원래 성은 공손(公孫)이다.[2] 그는 서자 출신이었다고 한다. 나중에 진나라에서 변법의 성공을 인정받아 진효공에 의해 상(商)[3]이라는 땅을 봉지로 받았으므로, 사람들은 그를 상앙 혹은 상군(商君)이라 부르게 되었다. 여러 학자들의 견해를 종합하면, 그는 대체로 기원전 390년경에 태어난 것으로 보인다.

「상군열전」에 따르면, 그는 어려서부터 형명(刑名 또는 形名)학을 익혔다고 한다. 형명이란 '명분과 실제'에 관한 주장이다. 관념적으로는 명실론(名實論)으로 볼 수도 있으나, 현실적으로는 관리가 되기 위한 학문이었을 것이다. 법가들의 중요한 주장으로 '관직 명칭과 직무형태'라고 볼 수 있다. 굳이 오늘날 용어로 정리하자면 정치학과 행정학이 합당하다. 상앙은 이 학문을 시교(尸佼)라는 사람에게서 배운 듯하다. 『시자(尸子)』라는 책이 전해지는데 후대 사람들이 이 글 저 글을 모아놓은 것으로 신빙성은 떨어진다. 시교는 어디 출신인지도 불분명하며, 유가나 법가 또는 명가 같기도 하다. 젊어서 상앙에게 영향을 준 듯하며, 상앙이 출세하자 그의 객경(客卿)이 되어 정책자문을 하였다. 상앙이 죽자 촉(蜀)으로 망명한 것으로 보아 상앙의 일생에 가장 많은 영향을 끼친 사람으로 보인다.

젊은 기재 상앙이 당시 최대의 강국 위나라에 와서 직장을 구하면서 이회(李悝 혹은 李克)와 오기(吳起)의 영향도 깊이 받았을 것이다. 두 사람은 전국시대 초기 위나라를 최강국으로 만든 초기 법가들이다. 귀족의 특권을 박탈하고, 유능한 사람을 등용하고, 농업생산을 고취하고, 중국 최초의 법전인 『법경(法經)』을 만든 이회의 정치개혁은 나중 상앙의 변법과 너무 유사하다. 탁월한 병법가로서 위나라와 초나라에서 법가노선의 정치개혁을 단행한 오기는 상앙과 같은 고향 출신이어서 영향을 더 많이 끼쳤을 것이다. 두 사람 모두 상앙 이전 사람이지만 위나라에 남아 있는 이들의 강한 영향력은 젊은 상앙을 충분히 압도하고도 남았다.

상앙은 아주 좋은 자리에 취직하였다. 위나라 재상 공숙좌(公叔座)를 섬겨 공족들의 일을 관장하는 중서자(中庶子)가 되었다. 20대 중반이었다. 상앙의 현명함에 감동한 공숙좌가 중용의 기회를 노리고 있는데, 그만 병이 나고 말았다. 「상군열전」엔 매우 드라마틱한 사건을 기록하고 있다.

공숙좌의 병이 심각해지자 위혜왕(魏惠王)이 친히 문병을 와서 이렇게 물었다.

"공숙좌의 병이 이같으니 여차하여 잘못이라도 된다면 장차 사직을 누구에게 맡긴단 말이오?"

공숙좌가 대답했다.

"저의 중서자 상앙이 나이는 젊으나 기재를 지녔으니 대왕께선 나랏일 전체를 그와 의논해 보시기 바랍니다."

왕은 아무 말이 없었다. 그에 떠나려 하자 공숙좌는 좌우를 물리치고 이렇게 말하였다.

"대왕께서 상앙을 쓰지 않으시려면 반드시 죽이십시오. 국경을 넘도록 해서는 안 되옵니다."

왕이 그러하겠노라 하고 떠났다.

공숙좌는 급히 상앙을 불러 사과하면서 말했다.

"오늘 대왕께서 누구를 재상으로 삼으면 좋겠냐고 묻기에 난 너를 들먹였다. 그런데 대왕이 내 말을 듣는 기색이 아니더라. 난 군주가 먼저이고 신하는 나중이라고 생각한다. 그래서 즉각 대왕에게 상앙을 쓰지 않으려거든 죽여야 한다고 말씀드렸다. 왕은 그러하겠다고 하셨다. 넌 급히 여길 떠나거라, 아니면 잡히게 될 것이다."

상앙은 "저 왕께서 신을 임용하라는 어르신의 말씀을 듣지 않으셨는데 신을 죽이라는 어르신의 말씀 또한 들을 리가 있겠습니까?"라고 말하며 끝내 떠나지 않았다.

과연 혜왕은 떠난 뒤 좌우를 보고 이렇게 말하였다고 한다.

"공숙좌의 병이 깊은가 보다. 슬프구나. 과인더러 상앙에게 국정을 맡기라고 하다니, 어찌 잘못된 일이 아니겠느냐!"

혜왕은 국가 이익에 대해 맹자에게 물었다가 인의를 모른다고 핀잔을 들었던(『맹자』「양혜왕상」) 바로 그 사람이다. 상앙은 더 이상 위나라가 뜻을 펼칠 수 있는 곳이 아님을 알아차렸다. 때마침 진효공이 즉위하여 초현령을 발하였다. 상앙은 미련 없이 진나라로 향하였다. 이로부터 진나라는 강해지고 위나라는 쇠약해지기 시작하였다. 위혜왕 스스로 천고에 '잘못된 일'을 저지른 셈이다.

사적인 일은 돌아보지 않았다 : 진나라의 상앙

초현령을 듣고 상앙은 진나라에 들어왔다. 그의 손엔 이회가 펴낸 『법경』이 들려 있었다. 총신 경감(景監)을 통해 효공과의 면담을 성사시켰다. 당시 유세객들은 군주와의 독대를 통해 정치에 대한 자신의 주장을 직접 개진하였으며, 받아들여지면 관료로 크게 발탁되었고 그렇지 않을 경우엔 물러나 다른 나라를 찾으면 그만이었다. 때론 거금의 여비와 숙소를 제공받기도 하였다. 수십 대의 수레에 책을 가득 싣고 수백 명의 종자를 거느리며 어진 정치를 베풀어야 백성들이 몰려든다고 외쳐대는 맹자를 상상해 보라. 상앙과 효공의 만남은 이와는 좀 색다르다. 「상군열전」에 보인 효공과의 면담은 픽션이 가미된 과장과 사마천의 의지가 다소 섞여 있는 듯하다.

효공이 상앙을 만나 아주 오래 얘기를 나눴는데, 효공은 시시로 꾸벅꾸벅 졸며 듣지 않았다. 끝나고 나서 효공은 경감에게 화를 냈다.

"당신 손님이 사람을 아주 망치려는구려. 어디에 쓸 데가 있겠소!"

경감이 이를 상앙에게 따졌다. 상앙이 대답했다.

"내가 공에게 제도(帝道)로 설득했으나 그 뜻을 깨치지 못한 것 같소이다."

닷새가 지난 뒤 다시 상앙을 보자고 했다. 상앙이 다시 효공과 회견하니 좀 나은 듯하였으나 핵심을 짚지는 못하였다. 끝나고 효공은 다시 경감을 나무랐고, 경감은 또 상앙에게 따졌다.

"내가 공에게 왕도(王道)를 가지고 설득했으나 받아들여지지 않았소이다. 다시 한 번 저를 뵙게 해주시오."

상앙이 대답하였다.

상앙은 효공을 다시 배알했다. 효공은 좋다고 생각했으나 임용하지는 않았다. 그렇게 끝나고 돌아간 뒤 효공이 경감에게 말했다.

"당신 손님 괜찮은 사람이군. 같이 얘기할 만해."

"내가 공에게 패도를 가지고 설득했더니 쓰고 싶어하는 빛이 역력하였소이다. 한 번만 더 뵙게 해주시오. 내가 어떻게 할지 알았습니다."

상앙의 말이다.

상앙은 효공을 다시 만났다. 공은 얘기를 나누면서 방석 밖으로 무릎이 나오는 것도 몰랐다. 며칠을 얘기하고도 싫증을 내지 않았다.

경감이 물었다.

"당신은 어떻게 우리 주군의 마음을 꿰뚫었소? 우리 주군께서 너무도 좋아하시오."

"내가 하·은·주 삼대를 비유로 들며 제왕의 도로 주군에게 유세하였는데, 주군께서 '너무 멀어 기다릴 수 없소. 현명한 군주는 자기 대에 천하에 이름을 떨치는 사람이겠지요. 어떻게 제왕이 될 때까지 수천 년을 하염없이 기다릴 수 있단 말이오?'라고 하더이다. 그래서 내가 강국지술(强國之術), 즉 부국강병의 방법으로 주군을 설득하였더니 주군께서 크게 기뻐하시더이다. 그러나 은·주의 성덕에 비교하기는 어렵지요."

상앙의 대답이다.

극적인 만남에다 법가사상과 일치하지 않는 부분도 많다. 그러나 효공과 상앙 두 젊은이의 의기투합을 잘 보여준 묘사이다. 상앙의 정치 인생은 이렇게 시작되었다. 임용 3년만에 정책의 핵심 브레인으로 제1차 변법을 단행하였고, 10등급 좌서장으로 승진하여 개혁의 총수로서 변법을 총 지휘하였다.[4] 9년 뒤엔 총리 격인 대량조(大良造)[5]로 승진하여 명실상

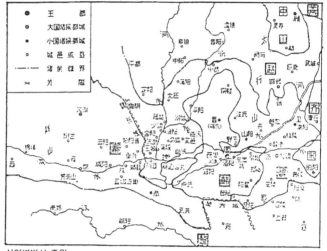

상앙변법시 중원
상앙이 변법을 단행하던 시기의 중원 형세도.

부한 2인자가 되었다. 진효공 10년에 제2차 변법을 시행하였다. 두 차례 대규모 정치개혁의 성공으로 진나라는 완전히 새로 거듭났으며, 강대국으로 부상하였다.

『상군서』 사상의 이해를 돕기 위하여 두 차례 변법의 내용을 간략히 소개하면 다음과 같다. 제1차 변법(기원전 359년)은 대단히 광범위하였다. 첫째, 다섯 집 단위와 열 집 단위로 호적을 재편하여 상호고발과 죄에 대한 연대 책임을 물었다[什伍連坐制]. 둘째, 아들이 둘 이상인 가정은 일정 연령이 지나면 반드시 분가토록 하고 그렇지 않으면 세금을 배로 물렸다. 셋째, 적의 수급 한 개마다 관작과 상금을 1급씩 올려주는 군공 포상제를 실시하고 사사로운 싸움은 엄격히 금지하였다. 넷째, 농업생산량이 많은 사람에겐 세금과 요역을 면해주고 게으르거나 상업·수공업 등에 종사한 사람들은 처자식까지 노비로 삼았다. 다섯째, 20등작(等爵)제에 따라 오직 군공이 있는 귀족에게만 작급을 주고 나머지 채읍은 거둬들이고 정해진 녹봉으로 대체하였다.

제2차 변법(기원전 350년)은 첫째, 남녀를 구별하고 부모 자식이 같은 방에 거처하는 것을 엄격히 금지하는 풍속개혁을 단행하였다. 중원의 집 구조와 유사한 건축사업을 벌였다. 둘째, 봉건을 폐지하고 전국을 31개 현으로 나누어 중앙집권을 도모하였다. 셋째, 토지 등급과 생산량에 따라 세금에 차등을 두는 전제개혁[阡陌制]을 단행하여 조세평등과 세수증대를 도모하였다. 넷째, 도량형을 통일하였다.

변법의 개혁 사항 하나하나가 모두 몇 배의 성공을 거두었고, 군사적으로도 커다란 성취를 하게 되었다. 상앙은 전술전략과 병법에도 능통하였다. 효공 8년에 위나라 군사 7천을 참수하고 소량(少梁)을 취하는 등 연전연승하였다. 효공 22년에는 위군을 대패시켜 과거 목공 시절 거느렸던 하서(河西) 땅을 수복하고 위나라 수도를 옮기게 만듦으로써 진나라에 의한 천하통일의 기초를 다졌다. 상앙은 군공으로 상(어)지역 15개 읍(邑)을 봉지로 받아 제후 반열에 올랐다. 효공은 최고의 관작과 땅을 나누어 주겠다는 약속을 지켰다.

> (상앙은) 온 몸을 바쳐 딴 생각을 품지 않았으며, 오직 공으로
> 처리할 뿐 사적인 일은 돌아보지 않았다. 백성들로 하여금 안으
> 로는 농경과 직조에 전념하여 국부를 달성토록 하였으며, 밖으
> 로는 전쟁을 통한 혜택을 중시하여 용사가 되도록 권장하였다.
> 법령이 내려지면 반드시 실천하였다. 안으로는 귀족이나 총신
> 에게 아부하지 않았으며, 밖으로는 관계가 멀다고 차별하지 않
> 았다.   ─유향, 『신서』

　그러나 모든 개혁엔 개혁 대상의 반발이 따른다. 일거에
정국을 반전시킨 외지 출신 상앙의 경우는 특히 그러했다.
엄격한 법 집행은 귀족들의 큰 반발을 불러왔다. 제1차 변법
때 태자가 실수하여 법을 어겼다. 상앙은 태부 공자건(公子
虔)에게 형벌을 가하였고, 태자의 선생 공손가(公孫賈)에겐
얼굴에 먹물로 죄명을 문신하는 경(黥)형에 처하였다. 제2차
변법 때 공자건이 다시 법을 어기자 이번엔 코를 베어버렸
다. 그러자 귀족들의 원한이 사무쳤다. 그들이 호시탐탐 복
수의 기회를 엿보는 와중에 45세의 효공이 죽고 말았다. 『전
국책』에 따르면 "효공이 18년 동안 상앙의 법치를 행하다가
병이 들어 일어서지 못하게 되자, 상군에게 왕위를 물려주고

자 하였으나 상군은 사양하고 받아들이지 않았다(「진책일
(秦策一)」)"고 한다. 오직 자신의 신념인 법에 입각하여 정정
당당히 처리할 뿐 사적인 욕심을 채우지 않았던 것이다.

귀족들은 사적인 원한으로 새 왕에게 모함하였다. 정적을
잡는 대표적인 수단 즉 '반란'이 구실이었다. 그는 달아나며
여관에 숨고자 하였으나, 여관 주인이 "상군의 법에 의해 통
행증이 없는 자를 재우면 고발당하게 되어 있다"며 거절했
다. 위나라로 망명했으나 과거 패전의 원한으로 인해 오히려
다시 쫓겨 왔다. 많은 역사상 위인들처럼 그는 붙잡혀 거열
(車裂)형에 처해졌다. 기원전 338년의 일이다. 수족이 네 마
리의 말에 묶이고 채찍을 맞은 말이 네 방향으로 각기 치달았
다. 그의 일가친척도 죽음을 면치 못하였다.

그러나 상앙의 개혁입법과 그의 사상은 진나라에서 하나
도 버려지지 않고 고스란히 계승되었다. 어쩌면 그는 법을
위해 죽은 셈이다. 그 후 진시황의 중국 통일에 이르기까지
약 120년 간 진나라의 법치적 경향은 상앙사상의 연속에 다
름 아니다. 『상군서』는 상앙을 추종하는 이와 같은 진나라
법가 정치가들이 공동으로 만들어낸 여러 시대를 아우르는
저작일 수도 있다. 특히 후대의 진나라 정치가들은 정치개혁
을 얘기할 땐 언제든 상앙을 얘기하곤 하였다.[6]

3장

『상군서』, 어떤 사상을 담고 있는가

옛것은 반드시 바뀐다

춘추전국시대 중국의 사상은 외부 영향을 받은 적이 없이 순전히 내부에서 자생하였다. 천재들이 출현하여 학문적 경쟁과 융합을 통해 세상의 말들을 모두 쏟아놓은 듯한 제자백가의 성취를 이룬 것은 참으로 경이롭다. 그런데 각 학파들은 경쟁하면서 자신의 주장이 옳음을 증명하기 위해 옛날 옛적의 성인들을 끌어들였다. 이런 경향을 전문용어로 법고(法古) 혹은 탁고(託古)라 부른다. 공자는 자신의 얘기가 성인 요·순의 말을 기술한 것이고 주나라의 문왕·무왕을 본받은 것이라고 역설하였다. 묵자는 상례에 대한 자신의 견해가 하나라 우임금에서 온 것이라 하였다. 도가 사상가들은 더 멀리 전설 속의 황제(黃帝)가 자신들 주장의 원조라고 우겼다. 제자백가 대부분이 그런 식이었다.

법가는 달랐다. 증명할 수 없는 것은 믿지 않았으며, 현실 문제 해결에 도움이 되지 않는 얘기는 과감히 비판하였다. 상앙은 법고에 대해 변고(變古)를 주장했다. 역사는 끝없이 변화·발전한다. 즉 옛것은 반드시 바뀐다는 것이다. 그러니 정치·사회의 각종 제도는 새로운 추세에 맞추어 바꾸어야 한다. 시대조류에 맞추는 것이 정치개혁의 출발이라는 주장이다. 『상군서』「경법」편은 기원전 359년, 변법 시행을 앞두고 세상의 논란을 두려워하는 효공을 상앙이 설득하는 장면을 그대로 옮기고 있다. 보수 논객인 감룡(甘龍)·두지(杜摯)와 상앙의 반박과 재반박이 재미있다. 요약하면 다음과 같다.

상앙 : 세상의 비난을 걱정하지 마십시오. 고차원의 행동은 항상 논란거리가 되는 법입니다. 보통 사람들과는 성공의 결과만 같이 즐기면 됩니다. 위대한 성취를 한 사람은 민중들과 더불어 계책을 논의하지 않는다는 말도 있지 않습니까? 부국강병과 백성들의 편의를 바라신다면 옛 제도에 연연해선 아니 되옵니다.

효공 : 잘 알겠소.

감룡 : 그렇지 않습니다. 백성들의 성정에 따라 가르치면 힘들이지 않고 다스려질 것이며, 옛 법도에 습관이 된 관리와 백성

들이 편안해 할 것입니다. 진나라 옛 법에 따르지 않고 변법을 하신다면 천하의 비난을 듣게 될 것이옵니다.

상앙 : 약삭빠른 얘깁니다. 학자들이란 자기가 알고 있는 것에만 빠져 있습니다. 과거 삼대는 각자 다른 예법으로 왕자가 되었으며, 춘추오패는 각자 다른 법으로 패업을 이루었습니다. 지혜로운 자들이 법을 만들고 어리석은 사람들은 그에 따르면 되는 것입니다. 우려하지 마십시오.

두지 : 이익이 백 배가 나지 않으면 제도를 바꾸지 않는 법입니다. 옛 것을 본받아도 아무 잘못이 없으니 깊이 숙고해 주시기 바랍니다.

상앙 : 옛날은 다시 오지 않는데 무슨 옛 법이란 말입니까? 시류에 맞추어 제도를 정하고, 사건별로 법을 만들어야 합니다. 은나라가 망한 것은 옛 법을 따르지 않았기 때문이 아니며, 옛 법을 따르지 않았어도 주나라는 흥하였습니다. 옛 제도를 따르고 안 따르고의 문제가 아니옵니다.

효공 : 알겠소. 지식이 짧은 사람들이 의미 없는 논쟁을 하는 법이지요. 더 머뭇거리지 않겠소.

옛날은 되돌아오지 않는다. 옛것만 따르다가는 망할 것이라는 얘기다. 상앙은 여기서 한 걸음 더 나아가 현재 시행되고 있는 제도도 상황이 바뀌면 언제든 수정하여야 한다고 주장한다. "옛것을 본받으면 시대에 뒤떨어지고 오늘의 것만 추종하면 시세에 막히게 된다(「개색」)." 이 시대의 과제는 부국강병이다. 부국강병에 도움이 되는 일이라면 언제든 그 방향으로 제도개혁을 이루어야 한다는 주장이다.

상앙은 역사를 상세(上世), 중세(中世), 하세(下世) 세 시기로 나누어 고찰하였다. 「개색」편에 잘 정리되어 있다. 천지에 사람이 생겨난 상세엔 사람들이 어머니만 알고 아버지를 몰랐다고 한다. 그래서 친밀감을 앞세우고 사사로운 정을 좋아했다. 그래서 상앙은 이 시기의 특징을 친친(親親)이라 명명하였다. 그렇게 세월이 한참 흘러 사람이 많아지면서 친밀감에서 비롯된 사사로운 감정으로 인해 충돌이 잦아지게 되었다. 이 갈등을 해결하기 위해 사적인 감정에 치우치지 않는 어진 중재자로서 현인을 숭상하는 중세가 되었다. 상앙은 이를 상현(上賢)시대라 명명하였다. 그런데 사람이 더욱 많아진 하세에 이르니 그 많은 문제들을 현인의 어진 마음으로만 해결할 수 없어 제도가 필요하게 되었다. 그렇게 남녀를 구분시키고 여러 가지 통제를 해야 하는데 신분의 차등과 금지하는 법이 없으면 안 된다. 그래서 하세엔 관이 설치되고 그 관을 통솔할 군주가 생겨났다는 것이다. 상앙은 이를 귀귀(貴貴)의 시대라 명명하였다.[7]

오늘날 용어로 보자면 원시 모계사회 및 씨족사회를 상세로, 가부장적 읍제적 국가 또는 서주 이전의 봉건사회를 중세로, 중앙집권적 통치의 틀이 형성된 군주제 국가인 당시를 하세라 한 것이다. 역사의 진보를 긍정하는 이 분석의 목적은 역사가 흐름에 따라 시대적 요청이 달라짐을 나타내기 위해서였다. 상앙은 이를 "세상이 변하면 행해야 할 도리도 달라진다"고 표현하였다.

세상이 바뀌면 행해야 할
도리도 달라져야 한다

'옛것은 반드시 바뀐다', '반복되지 않는다', '시대적 요청에 따라 진보한다'는 상앙의 역사관은 확실히 기존 학자들의 사유와는 다른 것이었다. 그것은 한마디로 반전통이라 할 수 있다. 실제로 상앙은 전통을 얘기하는 일체의 논의를 현실을 기준으로 반역사적인 것으로 매도하였다. 「개색」편에선 옛날 사람들은 순박해서 덕으로 다스릴 수 있었으나, 오늘날 사람들은 교활해서 형벌을 앞세워야 효과가 있다고 주장한다.

상고시대엔 가족을 아끼고 사적인 이익을 추구하였으며, 중세시대엔 현인을 숭상하고 어진 행동을 즐겼고, 근세엔 신분을 소중히 여기고 관리를 존중하게 되었다. 현인을 숭상한 것은 여력이 있는 사람들로 하여금 상부상조하라는 것이었다. 그런데 군주가 세워지게 되자 그런 현인들의 원칙은 더 이상 쓸모가 없게 되었다. 친척을 아낀 것은 사적인 이익추구가 그 원칙이었다. 그런데 현인에 의해 공정한 표준이 세워지게 되자 그런 사적인 추구는 더 이상 행할 수 없게 되었다. 이 세 가지는 고의로 상반된 상황을 조성해서 만들어진 현상이 아니다. 사람들이 지켜 온 원칙이 무너짐에 따라 거듭해서 바뀌게 된 것이다. 세상사가 바뀌어 행해야 할 도리도 달라졌기 때문이다. ─「개색」

공자는 "덕으로 이끌고 예로 다스려야 백성들이 부끄러움을 알고 바른 삶을 살게 된다(『논어』 「위정」)"고 말하였다. 상앙은 "백성들의 하는 짓이 나빠졌으면 중시하는 바가 달라져야 하고, 세상 일이 바뀌었으면 행해야 할 도리도 달라져야 한다(「개색」)"고 주장한다. 그는 유가에서 주장하는 인의나 예악 따위는 과감히 버려야 한다고 외친다. 유가의 덕목들을 우리 몸에 스멀스멀 기어다니며 피를 빠는 이(蝨)에 비유할 정도였다(「설민」).

시 · 서 · 예 · 악 · 선 · 수양 · 인의 · 염치 · 변론 · 지혜, 이 열 가지가 나라에 있으면 위에서 전투를 시킬 방법이 없다. 나라를 이 열 가지로 다스리면 적이 오면 반드시 당할 것이고, 오지 않아도 필경 가난해질 것이다. 나라에서 이 열 가지를 없애면 적이 감히 침입해 오지 못할 것이며, 온다 하더라도 반드시 퇴각하게 될 것이다. ─「농전」

　모두 유가에서 중시하는 핵심 항목들이다. 상앙은 유가의 대척점에 서 있었던 듯하다. 그는 『시경』·『서경』 등 과거 사실만 나열해 놓고 현실에 도움이 안 되는 것들은 과감히 불살라 버리라고 주장한다. "예의와 음악은 방탕을 부르는 징조이고, 자애로움·어짊 따위는 잘못을 일으키는 근본이라(「설민」)"고 한다.

　예악이니 인의니 하는 주나라의 전통적 덕목은 옛날에 효용이 있었을지 모르지만, 부국강병을 달성할 수 있는 실력이 중요한 당시의 시점에선 폐기 대상이라고 주장한다. 인의예악을 따지는 것은 옛 풍속, 옛 예법을 고집하는 어리석은 역사관이라는 말이다. 역사진화는 이미 법치의 시대로 접어들었으니 더 이상 전통적인 예치를 고집하지 말라는 얘기다.

　　고대의 백성은 질박하고 후덕했는데, 오늘날의 백성은 약삭빠르고 거짓을 일삼는다. 그러니 고대를 본받고자 하면 도덕에 기초하여 다스려야 하고, 오늘날을 본받고자 하면 형벌을 앞세우는 법치를 행해야 한다. ─「개색」

상앙의 진보적 역사관은 예리한 칼날이 되어 진부한 모든 과거들을 가차없이 잘라버렸다. 인의와 예악을 버리고 시·서를 불태우라는 이러한 주장은 후대 유교적 전통의 동양사회에서 상앙을 반전통주의자·반인문주의자로 낙인찍어 배척한 직접적 이유가 되기도 하였다.

그러나 현실주의자 상앙의 생각은 달랐다. "힘으로 제후들을 굴복시키고자 하는 사람은 도덕을 버린다. 성인은 옛것을 본받지도 않고 오늘날의 것을 따르지도 않는다(「개색」)." 세상이 바뀌면 생각도 바뀌어야 할 뿐만 아니라, 앞으로 바뀔 게 분명한 지금 생각에 갇혀 있어서도 안 된다.

일반적으로 보수란 지금의 생각과 상황 속에서 아름다움을 발견하고 지켜가려는 주장이다. 그 대척점을 진보라 부른다면 상앙은 진보주의자임에 틀림없다. 실제로 그는 기존 하·은·주 삼대에 대한 역사 해석도 아주 진보적이었다.

"주나라는 은나라를 본받지 않았으며, 하나라는 순임금의 우나라를 본받지 않았다. 하·은·주 삼대는 시세가 달랐는데도 모두 천하의 제왕이 되었다(「개색」)."

끊임없는 개혁을 통해서만 역사적 성취를 할 수 있으며, 지금의 현실도 개혁의 대상이라는 말이다.

좋아하고 싫어하는 것을 잘 이용해
백성들을 다스려라

맹자는 사람의 본성이 선하다고 하고, 순자는 인성이 악하다고 하였다. 법가는 통치 대상인 백성의 성정이란 의미로 민성(民性) 혹은 민정(民情)이란 말을 자주 쓰는데, 선악을 따지지 않는다. 그 성정을 어떻게 이용하여 정치적 목적을 달성할 것인지에만 관심이 있다. 『상군서』에 백성의 성정을 말하는 대목은 아홉 군데가 있다. 어디에도 인성이 선하느니 악하느니 따위의 현학적 논쟁은 없다. 인간은 이기적인 존재임을 경험적으로 긍정하면서 이를 어떻게 효과적으로 이용하는가에 상앙의 중점이 있었다.

백성들은 순전히 이익을 얻을 수 있는 방향으로 행위를 할 뿐

이다. 이익은 군주가 제공하므로 백성들은 군주가 어떻게 대하
는지 주의 깊게 살핀다. 눈을 부릅뜬다거나 알통을 내보인다거
나 무용담을 떠벌리는 사람이 이익을 얻는다고 하자. 잘 다림
질한 옷을 입고 앉아 일은 하지 않고 말장난이나 하는 사람이
이익을 얻는다고 하자. 오랫동안 헛된 세월을 보내며 사사로이
자기집 일만 챙기는 사람이 이익을 얻는다고 하자. ……그러면
백성들이 보이는 행동은 농사와 전쟁 같은 힘든 일을 포기하는
것이다.   ─「군신」

사람은 누구나 이익을 얻고자 하며 누구나 편하고자 한다.
부국강병을 위해서는 군주가 바로 그 이익을 완전히 장악해
버리는 것이다. 그리하여 농사와 전쟁이라는 힘든 일을 하는
사람에게만 그 이익을 풀어주어야 한다. 그렇지 않고 '알통
을 내보이거나' '말장난이나 하거나' '자기집 일만 챙기는'
따위의 사람들이 이익을 보게 그냥 두면 백성들은 아무도 농
전에 힘쓰지 않을 것이다.

군주가 장악해야 할 이익이란 무엇인가? 바로 사람들이
좋아하는 것과 싫어하는 것을 잘 알아서 그 핵심을 쥐는 것
이다. 상앙은 '상 = 이익 = 좋아하는 것', '벌 = 손해 = 싫어
하는 것'으로 틀을 지었다. 사람은 누구나 상을 좋아하고 벌
을 싫어하는 성질이 있다. 사람은 누구나 손해를 싫어하며

이익을 좋아하는 성질이 있다. 군주는 그 상벌권을 철저히 장악하여 정책을 실행하면 백성들을 농전에 집중하게 할 수 있고, 결국 부국강병이란 소기의 목적을 달성할 수 있다는 주장이다.

> 사람의 성정은 좋아하는 것이 있고 싫어하는 것이 있다. 이를 잘 이용함으로써 인민을 다스릴 수 있는 것이다. 고로 군주가 된 사람은 인민이 좋아하는 것과 싫어하는 것을 깊이 살피지 않을 수 없다. 좋아함과 싫어함이야말로 상과 벌의 정책을 실행할 수 있는 근본이다. ―「착법」

군주는 백성들이 좋아하는 것을 상으로 주고, 싫어하는 것을 벌로 주면 된다. 그것은 구체적으로 어떤 것들인가? 『상군서』에는 매우 다양한 예시를 하고 있다. 종합하면 좋아하는 것은 대체로 삶·배부름·편안함·즐거움·출세·작록·부귀 등이며, 싫어하는 것은 대체로 죽음·배고픔·힘듦·괴로움·수치·모욕·형벌·빈천 등이다.

> 사람은 나면서부터 배고프면 음식을 찾고, 힘들면 편안함을 바라고, 괴로울 땐 즐거움을 구하고, 욕된 처지에 있으면 출세하길 원하는 법이다. ―「산지」

무릇 사람의 성정이란 작록을 좋아하고 형벌을 싫어한다.

—「착법」

매우 분명해졌다. 백성들이 농사와 전쟁에 충실하면 상을 주어 잘살게 해주고, 배부르게 해주고, 휴가를 주고, 잔치를 열어주고, 출세시켜 주고, 작록, 즉 벼슬과 돈을 주고, 부귀를 보장한다. 반대로 농사와 전쟁에 어긋나는 행동을 하는 백성들에겐 경중에 따라 죽음을 내리고, 배고프게 만들고, 힘든 노역에 동원하고, 잡아서 괴롭히고, 수치와 모욕을 주고, 형벌을 가하고, 빈천하게 만들어 버린다. 백성들은 무엇이 이익인지 잘 알게 될 것이다. 잘 알아 행동하게 되므로 정치적 효과가 뛰어나다는 얘기다.

상앙은 인간의 기본적인 욕구를 꿰뚫어 보았다. 하지만 정치가 인간의 삶을 풍요롭게 하기 위해 존재한다는 것을 생각할 때, 부국강병이라는 목적에 모든 인간의 기본적인 욕구까지 수단화하는 것은 앞뒤가 맞지 않은 것 아닐까?

이익을 얻을 수 있는 길은
오직 농전(農戰) 뿐이다

상앙은 인간 본성 또한 시대 변화에 따라 달라진다고 생각했다. 상세 사람들은 사사로움을 좋아하고, 중세 사람은 인의를 강조했으나, 하세인 지금은 이익을 좋아하는 방향으로 바뀌었다는 것이다. 단순히 이익을 좋아하는 것이 아니라 재어보고 헤아려보고 무게를 달아보는 등 계산을 해본 뒤 이익을 구한다고 한다.

> 백성들은 살아서는 이익을 계산하고 죽어서는 이름을 남기기를 원한다. …(중략)…백성들의 성정은 재보고 긴 것을 취하고, 달아보고 무거운 것을 취하고, 헤아려보고 이로운 것을 찾는다. …(중략)…명리가 모이는 곳에 백성들의 길이 있다. －「산지」

백성들의 부귀에 대한 욕구는 관 뚜껑을 닫은 뒤에야 그칩니다.

―「상형」

사람의 모든 사회 활동은 명리를 쫓기 위함이고, 죽어서야 명리에 대한 추구를 멈추게 된다는 것이다. 그리고 명리에 대한 추구는 철저한 계산에서 나온다는 얘기다. "모르면 배우려들고 힘이 못 당하면 굴복하는 것(「개색」)"도 계산에서 나오며, "몸이 위험에 빠지는 경우에도 행동을 멈추지 않는 것(「산지」)" 또한 계산에서 나온다고 한다.

따라서 훌륭한 정치가는 백성들이 어떻게 해야 이익이 되는지 잘 계산하도록 유도하여 자연스럽게 실천하도록 만드는 사람이다. 상앙은 이를 농사와 전쟁이라고 생각했다.

농사는 백성들이 힘들게 생각하는 일이고 정복전쟁은 위험하게 생각하는 일이다. 힘든 일을 능히 하고, 위험한 일을 감히 실행에 옮기는 것은 이해를 잘 계산했기 때문이다. 그러니 사람이란 살아 생전에 어떻게 이익을 얻을 것인가를 계산하기에 바쁘고, 죽은 뒤에 어떻게 이름을 남길 것인가를 고민한다. 그러기 때문에 정치가는 명리가 어디서 생기는지에 대해 세심하게 살피지 않을 수 없다. ―「산지」

상앙은 군주가 백성들의 이해 타산의 심리를 잘 이용하여 농사와 전쟁에 매진하게 만들기만 하면 자연스럽게 부국강병을 실현할 수 있다고 주장한다. "이익이 땅에서 나올 때 백성들은 있는 힘을 다해 농사를 지을 것이며, 명예가 전장에서 나올 때 백성들은 죽기살기로 싸울 것이다(「개색」)." 사람에게 이익을 계

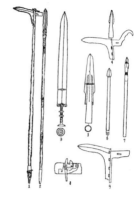

상앙시대 무기
상앙과 동시대의 청동 무기. 1·9 과(戈) 2·5 모(矛) 3. 검(劍) 4. 극(戟) 6·7 족(鏃) 8. 노(弩)발사기.

산하는 본성이 있는데, 군주가 농사와 전쟁을 통해 그 이익을 마련해 줌으로써 백성들이 계산 결과 그것을 선택하게 되면 이는 곧 사람의 본성을 실현시켜 주는 것이라는 논리다.

그러나 이 논리의 이면을 자세히 들여다볼 필요가 있다. 『상군서』의 입장은 인간성을 완성시켜주는 데 뜻이 있는 것이 아니라 '농사와 전쟁'에 매진하게 하는 데 목적이 있다는 것을 금방 알 수 있다. 즉, 인간 본성의 실현이 아니라 인간 본성의 '이용'을 강조한 것이다. 인성의 실현에 관심이 있었다면 '어떤 방식으로든' 이익을 얻게 해주는 데 주장의 초점이 모아져야 할 텐데, 상앙은 오히려 이를 부정하였다. 그는 '한 가지 방식으로만' 이익을 얻게 해주는 데 주장의 초점을 모았다.

사람들이 바라는 바는 수없이 많은데 이익을 얻을 수 있는 길은 단 하나이다. 사람들은 그 한 길에 의존하지 않고는 바라는 바를 하나도 충족할 수 없으므로 결국 농사와 전쟁이라는 외길을 걷게 될 것이다.　　　　　　　　　　　　　　　　　　—「설민」

모든 사람이 바라는 이익이 오로지 농전이라는 한 구멍에서 나온다면 그 나라는 천하무적을 구가할 것이다. 두 길에서 이익이 생긴다면 국가의 입장에선 반만 이로울 것이다. 이익이 열 군데서 얻어지면 이 나라는 결코 버티지 못할 것이다.　　—「근령」

　이익추구라는 인간 본성을 이용하여 사회가치를 오직 '농전'으로 일원화하려는 의도이다. 『상군서』는 '이익이 한 구멍에서만 나올 것을' 강조한다. 백성들을 통일된 역량으로 농사와 전쟁에 전념토록 하려는 군국주의 정책의 연장으로 보인다. 하나의 예를 들어보자. 당시 사람들이 추구하는 명리의 내용은 관작과 봉록이며 더 구체적으로는 토지와 주택이었다. "백성들이 바라는 것은 갈아먹을 땅과 살아갈 집이다(「래민」)." 토지의 사유가 확산되어 가는 전국시대의 분위기를 간파한 상앙은 이를 무기로 농전에 대한 백성들의 지지를 끌어내고자 한 것이었다. 주택은 작급에 따라 규모가 정해진다. 따라서 열심히 농사에 종사하여 토지를 얻고, 열심히 전쟁에 참여하여 작급을 얻는 것을 국민적 목표로 만들려는 것이었다.

열심히 농사를 지어 생산력을 극대로 끌어올리고, 열심히 전투하여 전과를 극대로 끌어올리는 것이 인간 본성을 다하는 것이다? 어찌 보면 인간성에 대한 너무도 잔인한 결론이 아닌가? 인간 본성에 대한 잔인한 이용은 실제로 진나라의 사회 경제 및 정치 발전을 크게 진전시켰다. 하지만 도덕성의 함양이라든가 인간의 선성(善性)의 성취 가능성에 대하여 완전히 부정적인 상앙의 인성관은 결국 눈앞의 부국강병 외에 역사적으로 어떤 역할을 하였는가? 한비자 이후 그의 사상을 계승한 사람이 없는 것은 이 때문 아니겠는가.

공적 이익을 개척하고, 사적 경로를 막아라

상앙은 "법은 국가의 저울이다(「수권」)"라고 말한다. "법에 맞지 않는 말은 듣지도 말고, 법에 맞지 않는 행동은 높여주지도 말고, 법에 맞지 않는 일은 하지도 말라(「군신」)"고 한다. 그는 철저한 법치주의자였다. 법은 치국의 근본이며 군주의 신표이다. 물론 그 법은 오늘날처럼 국민의 손으로 뽑은 국회에서 만들어낸 국민 입법이 아니라, 군주 개인의 결단으로 만들어지는 군주 입법이다. 법은 한계를 정해 구분을 명확히 해주는 것이다. 제한을 가함으로써 혼란을 막는 일이다. 전문용어로 이를 명분(明分)이라 한다.

명분을 명확히 정해주지 않으면 요·순·우·탕 임금 같은 성인이라도 주인 없는 토끼를 서로 잡으려고 어지러이 달려들 것이다. 그런데 명분을 명확히 정해 제한한다면 탐욕스런 도둑이라도 그것을 얻으려 들지 않을 것이다. ……명분이 확정되면 제아무리 큰 사기꾼이라 하더라도 올바르게 되고 백성들이 모두 성실해진다.　　　　　　　　　　　　　　　　　　─「정분」

이렇게 명분을 정해 제한하는 법이 갖추어지면 군주라도 이를 어겨선 안 된다. 법은 세상의 유일한 표준으로 매우 공(公)적인 것이 되기 때문에 군주든 신하든 백성들이든 그 표준을 벗어나면 안 된다. 표준이 있기 때문에 공사(公私)가 분명해진다. 법에 위배되는 행위는 사적 행위이다. 사는 응당 공에 복종해야 하며, 군주도 공과 사를 구분해야 한다. 상앙은 옛날 성인들은 공사가 분명하였는데, 오늘날 군주들은 사를 도모하고 공에 위배되는 행위를 서슴지 않는다고 꼬집는다.

오늘날 난세의 군주와 신하는 모두 구구하게 자기 한 나라의 이익을 도모한다는 핑계로, 또는 자기 관직이 중요하다는 것만 강조하면서 사적인 데 기울어 있다. 이것이 바로 국가가 위태로워지는 까닭이다. 공과 사를 구분하지 못하는 것이야말로 존망의 원인이 된다.　　　　　　　　　　　　　　　　　　─「수권」

공적으로 법에 입각하면 국가가 생존하고, 사적으로 법을 위배하면 국가가 망하므로 군주는 항상 법과 공을 무엇보다도 앞세워야 한다는 주장이다. 전문용어로 이를 상공(尙公)이라 한다. 군주가 법에 따라 모든 일을 처리하면 그 나라는 잘 다스려지는 나라이다.

공적이냐 사적이냐 하는 문제는 국가와 개인의 문제이기도 하다. 『상군서』는 국가지상을 강조한다. 군주는 응당 천하를 위해야지 사사로이 자신 혹은 주변만을 위해서는 안 된다. 국가적 문제이기 때문에 법은 투명해야 하고, 모든 백성들에게 공적이어야 하며, "천하의 관리나 백성들이 법을 모르는 사람이 없도록 해야 한다(「정분」)." 사람마다 법을 알므로 "관리들은 감히 불법적으로 백성들을 대하지 못하게 되며, 백성들은 감히 법을 어기면서 법관에게 대들지 못하게 된다(「정분」)." 상앙은 법의 공공성을 더욱 높이기 위해 법의 보편적 보급을 주장하고 있는 것이다.

법은 공적인 것이므로 법 집행, 즉 형벌에 계급 차별을 두지 않아야 한다. 공을 숭상하는 정신이 법의 집행에 응용된 것이다.

일형(壹刑)이란 형벌에 등급 차별이 없다는 말입니다. 경상(卿相)·장군으로부터 대부·서인에 이르기까지 국왕의 명령을 따르지 않는 자, 국가가 금지한 바를 범한 자, 위에서 제정한 법도를 어지럽힌 자가 있으면 모두 사형을 내리고 절대로 용서하지 말아야 합니다. 예전에 공로가 있었더라도 나중에 실패하면 그로 인해 형벌을 줄여주지 않아야 합니다. 예전에 잘했더라도 나중에 잘못하면 그로 인해 법을 줄여 적용하지 않아야 합니다. 충신이나 효자라도 잘못이 있으면 반드시 그 죄목에 따라 판결해야 합니다.　　　　　　　　　　　　　　　　—「상형」

공로가 있다고 해서 죄가 감해지지 않는다는 말은 매우 일리가 있다. 공로가 있다는 것과 죄를 지었다는 것은 성질이 다른 두 가지 사건인데, 무엇을 기준으로 맞추고 깎아주고 할 것인가. 공로가 있다고 죄를 줄여주면 법은 법답지 않게 된다. 『상군서』엔 특히 법을 집행하는 사람이 범법한 경우 "사형을 내리고 절대 용서하지 않으며, 형벌이 3족에 미치게 하라(「상형」)"고 주문한다.

법의 주체는 군주이므로 사적이지 않는 한 군주가 곧 공이다. 군주는 곧 국가이며, 군주의 행위는 곧 공적인 것이 된다. 귀족이나 큰 집안 혹은 개인들의 행위는 사적인 것이다. 『상군서』는 "공적인 일을 개척하고, 사적인 경로를 막아라(「일언」)"라고 주장한다. '공적 이익을 개척한다'라고 한 것은 귀족 등 사적인 존재는 반드시 국가의 이익에 복종해야 한다는 말이다. 국가를 위해 있는 힘을 다하고서야 개인의 부귀가 있을 수 있다는 것이다. '사적인 경로를 막아라'라고 한 것은 주로 귀족 등의 법 밖의 권력을 금지시키고 공로가 없으면 녹을 받지 못하도록 하는 것을 가리킨다.

> 부귀의 경로는 반드시 전쟁에서만 나와야 한다.　　　─「상형」
> 관작은 반드시 국가를 위해 바친 힘에 따라야 한다.　　─「근령」
> 사적인 노력은 국가에 드러나게 해서는 안 되며, 사적인 경로로 군주에게 청원하지 못하게 한다.　　　　　　　　　─「일언」

위에서 언급한 상앙의 제1차 변법 내용의 근거는 바로 여기에 있다. 그가 공적인 것을 숭상하고 사적인 것을 억제하라고 주장한 이유는 한편으로 귀족들의 치외법권을 억제하여 세력을 약화시키기 위한 것이었다.

상앙이 "공적 이익을 개척하고, 사적 경로를 막아라"라고 한 것은 이론상 국가 지상주의를 강조한 것이지만 실제로는 군주가 국가의 꼭대기에 있다. 따라서 법을 지키고 공적인 것을 숭상하라는 그의 외침은 근본적으로 군주권 강화라는 혐의를 벗을 수 없다. 군주 입법 하에서 아무리 공적인 일을 강조해도 군주 권력이 법보다 높은 상황을 반전시킬 수 없다. 결국 최후에는 군주의 자의성과 사사로운 행위를 막을 수 없을 것이다.

군주가 존중받아야 명령이 이행된다

『상군서』의 주장은 모두 부국강병에 목적이 있다. 상앙 법치의 핵심은 백성들을 하나로 묶기 위한 것이었다. 전문용어로 이를 '일민(壹民)'이라 부른다. 상앙은 일민을 위해서 군주가 존중받아야 한다고 주장한다. 군주가 저 높은 꼭대기에서 천하 백성들의 존중을 받으면서 최고의 입법권과 행정권을 장악할 때, 백성들을 하나로 묶을 수 있으며 그 결과 부국강병을 달성할 수 있다는 것이다.

천하의 백성들을 이롭게 하기 위해선 훌륭한 정치가 최고이다. 훌륭한 정치는 존엄한 군주를 세우는 것이 가장 안전하다. 존엄한 군주를 세울 때는 법에 입각하는 것이 가장 확실하다. ―「개색」

> 군주가 존중받으면 명령이 잘 이행된다. ……백성들이 명령을
> 따르지 않는데도 군주가 존중받길 바란다면, 이는 요 · 순 임금
> 의 지혜가 있더라도 다스릴 수 없다.　　　　　　　—「군신」

　효과적인 통치를 위해 군주는 절대적으로 존중받아야 한
다. 그러나 상앙에게 있어 존군(尊君)은 도덕적 · 인격적인
의미의 존중이 아니다. 최고의 권력을 장악하고 철저히 법에
입각하여 공적인 행위를 함으로써 신민들을 꼼짝 못하게 하
는 상태에서의 존중이다.
　상앙은 힘의 찬양자이다. 부국강병을 국가와 사회의 목표
로 삼는 자체가 시대를 힘과 힘의 대결장으로 인식하고 있다
는 의미이다. 그는 힘이야말로 국가와 군주의 지위를 높여주
는 가장 근본적인 바탕이라고 주장한다.

> 성군이 백성들을 다스릴 땐 반드시 그 마음을 얻으므로 능히 백
> 성들의 힘을 부릴 수 있는 것이다. ……힘은 강함을 낳고, 강함
> 은 위엄을 낳으며, 위엄은 덕을 낳는다. 따라서 덕은 힘에서 생
> 긴다.　　　　　　　　　　　　　　　　　　　—「근령」

　상앙은 맹자처럼 인의도덕을 힘의 근원으로 보지 않는다.
힘이 백성들에게 갖추어져 있음을 알고 있으면서도 그걸 '부

릴 수 있는 데' 초점을 맞추고 있기 때문에 강함·위엄 등을 힘의 근원으로 본다. '덕이 힘에서 생긴다'는 것은 군주가 강함과 위엄으로 백성들의 존중을 받는다는 말이다. 그리하여 백성들의 힘을 얻을 수 있다는 것이다. 군주는 백성들로부터 나오는 힘을 장악하여 적을 공격하고 군주권을 강화하며 패업을 도모한다. 백성들로부터 나오는 존중을 바탕으로 백성들을 떨게 하고 복종케 하며 통치를 받아들이도록 한다.

존중과 힘에 대해 백성들에게 반대급부로 돌려주는 것이 이익이다. 그러니까 상앙의 법치와 존군론은 결국 백성들을 위해 이익을 도모하는 것이 아니라 이익을 미끼로 백성들에게서 거대한 힘을 낚아 올리려는 의도이다. 좋은 미끼를 마련하기 위해 군주는 항상 백성들의 성향과 풍속을 면밀히 계산해야 한다.

> 백성들의 성향을 제대로 관찰하지 않고 법을 수립하면 절대로 성공하지 못한다. ─「일언」
> 성인은 당시의 풍속을 면밀히 살펴서 법을 만들어야 나라를 잘 다스릴 수 있다. 국사의 근본을 관찰하여 다스리므로 시의에 적절하게 된다. 당시의 풍속을 관찰하지 않고 나라의 근본을 살피지 않는다면, 법을 세워도 백성들은 여전히 혼란스러워하고 일만 번거롭게 되며 효과는 미미하다. ─「산지」

한편, 군주가 존중받기 위해서는 사적인 법 해석과 법리 논란을 철저히 막아야 한다. 이때 군주는 독점하고 있는 권세를 충분히 발휘해야 한다. "권세는 군주가 혼자 통제하는 것이다. 군주가 이것을 잃으면 위태로워진다. 군주든 신하든 사적인 이유로 법을 해석하면 이 나라는 반드시 어지러워진다(「수권」)." 군주가 독단적으로 권력을 통제해야 한다는 상앙의 이와 같은 주장을 법가사상에서는 세(勢)라고 부른다. 또 세와 법에 입각하여 신하들을 통제하는 수단을 술(術)이라 한다. 『상군서』에선 간사함을 방지하는 술과 용인술(用人術)을 얘기한다.

> 군주가 투명하게 깊은 관찰을 해보지 않은 곳이 없을 정도가 되면 뭇 신하들이 감히 간사한 행위를 못하고, 백성들이 그릇된 행동을 하지 못한다. 그렇게 되면 군주가 넓고 편안한 침대에 누워 관현악 소리만 듣고 있어도 천하가 잘 다스려진다.
>
> —「화책」
>
> 현명한 군주가 신하를 부릴 때는 온통 일에만 몰두하는 사람을 골라서 임용하고, 일에 공로가 있는 사람에겐 반드시 상을 준다.
>
> —「착법」

상앙이 보기에 군주는 보통 사람들보다 덕이나 지혜, 용감성이 뛰어나지 않아도 상관없다. 그 자리에 있으면서 투명하게 공적으로 법을 지키면서 관리들만 통제하면 된다. 그렇게만 하면 백성들이 아무리 많더라도 원망하는 사람이 없고 오직 군주를 존중하여 명령을 따르게 될 것이라고 한다(「화책」). 과연 그럴까? 여기서도 상앙은 백성들의 자발적인 의지나 요구에 대한 고려가 전혀 없다. 자연스러운 존중이 아닌 억압과 통제 하의 존중과 그에 따른 명령 수행이 과연 최고의 정치적 효과를 가져올 수 있을까?

백성이 약하면 국가가 강하고,
국가가 강하면 백성은 약하다

상앙은 백성들에 대한 믿음이 전혀 없었다. 그들의 자발적 능력과 힘을 신뢰하지 않았다. 아니 오히려 백성들의 자발성을 철저히 억제하여야 한다고 주장하였다. 백성들이란 그저 이익을 던져주면 옳거니 하고 받아먹는 이용의 대상이며, 강력한 형벌로 통제하면 군소리 없이 따라오는 통치의 대상이다.「상군열전」에는 이런 이야기가 실려 있다.

변법령을 다 만들고 아직 공포하기 전에 백성들의 불신이 두려웠다. 그래서 도성의 남문 저자거리에 3장(丈)짜리 긴 나무막대를 세워두고는 이를 누가 북문으로 옮길 수 있으면 10금(金)을 주겠노라고 백성들을 모집했다. 괴이하게 여긴 백성들이 아무도 옮기지 않았다. 이에 '옮길 수 있는 자에게 50금을 주겠노라'고 다시 선언했다. 어떤 사람 하나가 옮기자 바로 50금을 줌으로써 속이지 않는다는 것을 분명히 했다. 그러고는 명령을 하달했다.

법 시행에 대한 믿음을 주고자 한 의도였다. 하지만 그 이면에 깔린 생각은 이익만 주면 백성들쯤은 언제든 움직일 수 있다는 인식이 엿보인다. 변법령이란 백성들을 한결같이 농사와 전투에 매진하도록 만드는 일이었다.

이익으로 통하지 않을 경우 강력한 형벌로 백성들을 몰아쳐 농전에 참여시켜야 한다고 주장한다. 그러기 위해서 백성들을 반드시 법에 복종하도록 만들어야 하고, 법이 일단 반포되면 모두 존중하여 위반하지 않도록 해야 한다.

> 백성이 법을 통제하면 그 나라는 혼란하다. 법이 백성을 통제하면 그 군대는 강해진다.　　　　　　　　　　　　　—「설민」
>
> 백성이 약하면 국가가 강하고, 국가가 강하면 백성은 약하다. 따라서 법이 있는 나라는 백성을 약화시키는 데 힘쓴다.
>
> 　　　　　　　　　　　　　　　　　　　　　　　　—「약민」

백성들은 법 앞에서 고양이 앞의 쥐처럼 전율하여야 한다. 『상군서』는 곳곳에서 백성들의 강함을 제거하고, 백성들을 허약하게 만드는 일이 정치에서 얼마나 중요한 일인지에 관해 집중적으로 논의하고 있다. 상앙은 그것을 치국의 근본으로 생각할 정도였다.

어떻게 백성들을 허약하게 만들 것인가? 『상군서』는 여러 가지 방법을 제기한다.

첫째, "백성들이 싫어하는 바를 가지고 정치를 하라(「약민」)." 백성들은 고생과 죽음을 두려워하므로 군주는 고생과 죽음의 명령을 자주 내려야 한다. 위협에 굴복한 백성들이 살얼음을 밟듯이 살아가게 될 것이고, 자연스레 나약해져 법에 복종하게 된다는 것이다.

둘째, 법 위반자를 고발하는 고간(告奸) 제도를 강력하게 시행한다. 백성들을 상호 감시하게 만들어 사람마다 주변의 눈치를 보며 살도록 만든다. 선행을 장려하면 사람들은 친한 사람을 비호하게 되어 있다. 법이 지켜지지 않는 대부분의 이유는 여기에 있다. 자신만 돌볼 뿐 "타인을 감시하는 일을 철저히 하면 모든 죄가 토벌된다(「설민」)"는 것이다.

셋째, 상황과 대상을 신중히 고려하여 상과 형벌을 준다. 용감하면 상을 주고, 비겁하면 죽음을 내린다. "겁 많은 백성들을 형벌로 다루면 용감해지고, 용감한 백성들을 상으로 독려하면 나라를 위해 죽는다(「설민」)."

넷째, "가난한 사람이 부유해지고 부유한 사람이 가난해지는 국가는 강하다(「설민」)." 백성들은 빈곤을 매우 싫어하므로 농사와 전쟁이라는 길을 통해 부유하게 만들어준다. 부유해지면 음란해지기 십상이므로 한 번 법에 걸리면 관직과 재물을 몰수해 그들을 다시 가난하게 만들어 버려야 한다. 백성들은 빈부 사이를 왔다갔다하면서 더욱 약해지고, 반대로 군주는 더욱 존중받게 된다.

다섯째, 인민들을 무지몽매하게 만든다. 어리석고 투박한 백성들이 법에 훨씬 더 잘 복종하며, 농전에 적극적으로 참여한다. 백성들이 총명과 재능을 경쟁하게 되면 속임수만 늘어나고 힘든 일을 싫어하게 되어 국가사업을 성취하기 어렵다는 것이다.

> 성인은 나라를 다스릴 때 금지사항을 많이 두어 백성들이 재능을 발휘하지 못하게 하고, 강력한 힘으로 밀어붙여 백성들 사이의 속임수를 그치게 한다.　　　　　　　　　　　　　　─「산지」

상앙은 확실히 백성들을 부국강병의 수단으로 생각하고 있다. 부강하면 백성들에게 결국 좋은 일이 아니냐고 제아무리 설득해도 결국은 백성들을 부국강병의 노예로 생각하는 일 아닌가? 백성들에게 법에 의한 죽음의 두려움과 고발당할지 모른다는 위태로운 생활을 계속하게 만드는 것은 사실상 백성들끼리 싸움을 붙이는 짓이다. 그렇게 하는 것이 군주에게는 이익이 될지 모르지만 백성들에게도 이익이 될까? 「상군열전」에서 상앙의 빈객 조량(趙良)은 '그러다가 결국은 백성들을 모두 잃게 될 것이라'고 경고하고 있다.

형벌을 무겁게 하면
가벼운 범죄도 생기지 않는다

백성들이 자발적으로 농사와 전쟁에 참여하지 않을 것임을 상앙은 잘 알고 있었다. 아무리 백성들을 허약하게 만들어도 범죄가 끊이지 않으리라는 것을 상앙은 잘 알고 있었다. 그가 고안해낸 방법은 상과 벌의 효과적인 운용이었다. 『상군서』를 보면 곳곳에서 상벌운용에 대한 수많은 아이디어를 제기하고 있다. 상벌에 관한 한 법가 가운데서도 가장 정교한 논리를 제기한다. 『상군서』에는 상벌이란 말도 쓰이지만 보통 형상(刑賞)이란 말을 더 많이 쓴다.

그런데 『상군서』는 한 명의 저자가 쓴 것이 아니기 때문에 상과 벌을 어떻게 적용할 것인지에 대해 일부 일치하지 않는 견해가 있다. 어떤 편에는 상과 벌을 반반으로 해야 한다고 하고, 어떤 편에서는 상을 많이 주고 벌을 약하게 하라고 한다. 그러나 상앙의 주장으로 추측되는 대부분의 논의는 상은 조금 주고 벌을 많이 사용하라고 한다.[8] 이를 상앙의 용어로는 형구상일(刑九賞一)이라고 부른다.

상앙은 상도 얘기하고 벌도 얘기하지만 중점은 벌에 있다. 상벌은 앞서 얘기했듯이 이익을 좋아하고 손해를 싫어하는 인간의 본성에 기초한 것이다. 특히 상앙은 상을 받는 것도 이익이지만 벌을 받지 않는 것이 더 큰 이익이라는 생각을 백성들에게 심어주고 싶었던 듯하다. 그래서 상도 필요하지만 이는 벌의 보충으로 삼을 수 있을 뿐이라고 말한다.

> 형벌이란 그릇된 행위들을 금지하기 위한 것이다. 상은 금지의 효과를 더 낼 수 있도록 돕기 위한 것이다.   ─「산지」
> 상은 법 위반을 고발하는 자에게만 베풀어야 한다.   ─「개색」

상은 분명히 공을 세운 사람에게 베풀어야 하며, 더욱 중요한 것은 고간을 장려하는 데 사용해야 한다. 상은 벌의 보완이므로 양적으로 벌이 상보다 많아야 한다. 그 비례에 대하여 『상군서』는 매우 재미있는 시도를 하고 있다. 상과 벌의 비율을 1 대 9로 해야 한다는 주장이다.

왕자는 형벌이 9이고 상이 1이다. 강국은 형이 7이고 상이 3이다. 약국은 형이 5이고 상이 5이다.　　　　　　　　—「거강」

잘 다스려지는 나라는 형벌이 많고 상이 적다. 그래서 왕자는 형벌이 9이고 상이 1이며, 혼란한 나라는 상이 9이고 형벌이 1이다.　　　　　　　　—「개색」

상앙은 부국강병을 달성하는 데 벌이 상보다 효과가 높다고 생각했다. 채찍이 가져다주는 효과를 철저히 믿는 그는 자연히 범죄에 대해서도 일관된 입장을 갖는다. 벌을 무겁게 할수록 범죄를 줄일 수 있다는 주장이다. 이를 전문용어로는 경죄중벌(輕罪重罰, 가벼운 죄도 무겁게 처벌함)이라 부른다. 가벼운 죄를 중벌로 다스리면 사람들이 감히 가벼운 죄마저 범하지 못하게 되므로 자연히 무거운 죄는 더더욱 짓지 않게 된다는 논리이다.

가벼운 죄에 무거운 형벌을 행하면 가벼운 범죄도 생기지 않는다. 따라서 무거운 죄를 진 사람은 더욱 나타날 수가 없다. 이것을 가리켜 "백성들을 안정시키는 방법으로 백성을 다스린다"고 한다.　　　　　　　　—「설민」

가벼운 죄에 대하여 무거운 형벌을 행하면 형벌이 없어도 일이 잘 되므로 그런 나라는 강해진다. 무거운 죄는 무거운 형벌로 다

스리고 가벼운 죄는 가벼운 형벌로 다스리면 형벌을 가해도 사
건이 끊임없이 생겨나므로 그런 나라는 쇠약해진다.　　─「거강」

여기에 더하여 상앙은 장차 일어날 잘못에 대해서도 엄벌
을 내려야 범죄가 완전히 없어진다고 주장한다. 범죄를 일으
킬 조짐에 대해서도 형벌을 가해야 한다는 얘기다.

형벌을 죄의 결과에만 가한다면 간사함이 사라지지 않는다. 백
성들이 의롭다고 여기는 곳에다 상을 준다면 잘못이 그치지 않
는다. 형벌이 간사함을 없애지 못하고, 상이 잘못을 그치게 할
수 없으면 그 나라는 반드시 혼란에 빠진다. 그러므로 왕자는
장차 생길 수 있는 잘못에도 형벌을 가하므로 큰 잘못이 생기지
않으며, 모든 주변의 잘못을 고발하는 사람에게 상을 주므로 작
은 잘못도 놓치지 않게 된다.　　　　　　　　　　─「개색」

이 정도면 죄에 대한 중벌이 아니라, 가혹한 처벌의 수준
이다. 그런데도 상앙은 이렇게 하는 진정한 목적이 국가와
백성을 위한 것이라고 강변한다. '백성에 대한 사랑'이라고
까지 말한다. 그 논리는 "형벌로 형벌을 없앤다(「근령」)"는
것이다. 가벼운 죄에 무거운 벌을 가하면 백성들 모두가 끝
내는 아무도 범죄를 저지르지 않는 상태가 된다는 것이다.

모두 범죄를 저지르지 않으면 자연히 다시는 형벌을 사용할 필요가 없어질 것이라고 한다.

> 전쟁으로 전쟁을 없앨 수 있다면 전쟁이 일어나도 괜찮으며, 사형시켜 사형을 없앨 수 있다면 사형시켜도 괜찮고, 형벌로 형벌을 없앨 수 있다면 중형을 내려도 괜찮다. ……형벌을 쓰지 않아도 백성들이 착하게 되는 것은 형벌이 무겁기 때문이다. 형벌이 무거우면 백성들이 감히 법을 어기지 않으므로 마침내 형벌이 필요 없게 된다. ─「화책」

이것이 백성들에 대한 사랑이란 말인가? 국가적 목적 앞에 만백성이 모두 순한 양이 되어 군주라는 목동이 시키는 곳으로 가고, 주인을 위해 털과 고기를 제공하는 존재가 되라는 얘기다. 범죄를 구성하지 않아도 범죄의 싹이 보이면 바로 엄한 형벌을 가하라 하는 것은 가혹을 넘어 잔인한 것 아닌가? 아무리 부국강병이 중요하다지만 이것은 형벌의 남용 아니겠는가? 그리고 장차 있을 과실을 누가 규정하고 판단할 수 있다는 말인가.

지식만 추구하는 나라는 망할 날이 멀지 않다

　이렇게 무리하면서까지 상앙이 백성들을 도구화하고 형벌을 무겁게 한 까닭은 부국강병이라는 시대적 과제를 해결하기 위해서였다. 그가 학문적 논의나 인의도덕 등을 심하게 부정한 것도 부국강병에 도움이 안 된다고 판단했기 때문이다. 물론 이것은 거꾸로 상앙이 제자백가들의 다양한 주장들을 잘 알고 있었다는 반증이기도 하다. 『상군서』가 풍부한 지적 성취를 반영하고 있으면서도 지식 및 지식인에 대해 적대적 태도를 보인 것은 그것들이 법치와 농전에 해를 끼친다고 여겼기 때문이다.

　상앙은 사회를 구성하는 다양한 존재들을 알고 있었다. 그럼에도 불구하고 이들을 국가의 해충이란 뜻으로 '국해(國

害)'라고 부르며 완전한 제거를 부르짖은 것은 그들이 법치와 농전에 해를 끼친다고 여겼기 때문이다. 『상군서』에서는 이들을 오민(五民)·육슬(六蝨)·팔자(八者)·십자(十者)·십이자(十二者) 등으로 부른다. 이들의 업은 대체로 싸우기 좋아하는 호걸, 장사로 이익을 보는 사람, 지식을 팔러 다니는 사람, 남의 신세를 지고 사는 사람, 집안에만 있는 남자,[9] 기예로 먹고사는 예능인 등이다.

> 엄중한 형벌과 연좌제를 시행하면 속 좁고 성질 급한 사람들이 더 이상 싸우지 못하게 되고, 사납고 괴팍한 사람들이 더 이상 소송을 못하게 되고, 게으르고 나태한 사람들이 더 이상 놀고 먹지 못하게 되고, 낭비벽이 심한 사람들이 더 이상 재화낭비를 못하게 되고, 아첨을 일삼는 마음이 곱지 못한 사람들이 더 이상 변통을 부리지 못하게 될 것이다. 이 다섯 종류의 백성들[五民]이 더 이상 경내에 나타나지 않으면, 황무지 개간작업은 반드시 성공한다.　　　　　　　　　　　　　　　　　　　　—「간령」

속 좁은 싸움꾼들, 성질 괴팍한 소송꾼들, 게으른 놈팡이들, 재물을 낭비하는 자들, 변통을 노리는 아첨꾼들 이 다섯 종류의 사람들을 엄한 형벌과 연좌제로 제거해야 백성들이 농사에 전념하게 된다는 얘기다. 「산지」편에는 『시경』·『서경』을 연구하고 담론을 일삼는 선비, 처사, 용사, 기예에 종사하는 사람들, 장사꾼을 오민이라고 한다. 다음 여섯 가지 경우도 마찬가지다.

> 농부·상인·관료 이 셋은 어느 국가에서든 기본 구성원이다. 그런데 이 세 종류의 사람들 사이에서 국익을 해치는 여섯 가지의 경우[六蝨]가 생긴다. 즉 수확을 게으르게 하거나 먹을 것을 폐기하여 농업을 해치는 경우, 좋은 옷과 음식을 찾거나 놀기를 좋아하여 상업을 해치는 경우, 포악하고 오만하거나 탐욕과 부정부패로 관료사회를 해치는 경우가 그것이다. 이 여섯 가지 분위기가 팽배한 나라는 반드시 약해진다.　　　　　—「거강」

사회에 다섯 종류의 백성이나 여섯 마리 이가 생기는 근원으로 『상군서』에서는 여덟 가지, 열 가지 혹은 열두 가지를 지목한다. 편마다 한두 사항의 첨가와 부기가 있는가 하면 아예 모두를 여섯 마리 이[10]라는 표현으로 대체하기도 한다. 종합해 보면 예·악·시·서·효도·공손함·인격수양·참된 믿음·청렴결백·인의도덕·군대비판·말재주·전쟁반대(「근령」·「설민」) 등이다. 이는 유가사상의 핵심 덕목들이다.

상앙의 반지성주의는 유가를 겨냥한 것이었을 수 있다. 물론 『상군서』 어디에도 실명을 거론하며 유가에 반대한다는 내용은 없다. 다만 이러한 것들이 농사와 전쟁을 통한 부국강병이라는 국가의 목적을 달성하는 데 큰 방해가 된다는 주장은 책 전체에 일관되어 있다.

상앙 중심의 법가사상은 오직 한 명의 통치자인 군주, 오직 하나의 이념인 법치, 오직 한 가지 통치수단인 상벌, 오직 한 가지 정책인 농전이라는 획일성을 추구한다. 그런데 위의 열두 가지 덕목을 추구하는 사람들은 법치와 상벌운용에 대해 시비를 걸고, 농사와 전쟁에 참여하지 않을 뿐만 아니라 농전에 열심인 백성들을 와해시키는 작용을 한다는 것이다.

> 농사와 전쟁에 열심히 참여하는 백성이 천 명이고 『시경』이나 『서경』 혹은 말에 능한 사람이 한 명 있다면, 천 명이 모두 농전에 태만하게 된다. 농사와 전쟁에 열심히 참여하는 백성이 백 명이고 재주에 능한 예능인이 한 명 있다면, 백 명이 모두 농전에 태만하게 된다. ─「농전」

부국강병을 달성하기 위해서는 이런 사람을 단 한 명도 남겨두어서는 안 된다. 육슬·십이자 등을 제거하고 농전에 매진하게 하는 방법에 대하여 상앙은 엄한 형벌과 연좌제 외에도 여러 가지 통제수단을 제시한다. 「간령」편을 보면 매우 구체적이다. 관리들에게 날짜를 넘겨 일을 하지 못하도록 하고, 농사를 짓다가 다른 일을 하지 못하도록 하고, 청탁에 의한 관직임용을 철저히 막고, 가구 구성원 수에 맞추어 세금과 노역을 부가하고, 농산물 매매를 철저히 금지하고, 아름다운 가무나 화려한 복장이 고을 사이를 오가지 못하도록 막고, 관직이 높아도 많은 사람을 고용하지 못하도록 하고, 여행을 금지시키고, 술과 고기값을 매우 비싸게 책정하고, 멋대로 이사를 못 다니게 통제하는 것 등등이다.

『상군서』에는 특히 지적 탐구를 하는 사람들에게 관직을 주어 명예를 높여주어서는 안 되고, 이익을 주어 잘 먹고 살게 해서는 안 된다고 주장한다. 지식 추구가 돈도 안 되고 출세도 안 된다는 것을 알아야 백성들이 농사와 전쟁에만 매달리게 되어 국가가 부강해진다는 얘기다.

군주가 여러 가지 학설에 현혹되어 오락가락 하고, 관리들이 각종 여론에 밀려 소란하면 백성들은 나태해져 더 이상 농사에 전념하지 않게 된다. 경내의 백성들은 모두가 그 영향을 받아 변론을 좋아하고 지식추구를 낙으로 삼게 될 것이며, 장사를 하거나 기예에 종사하면서 농전을 피하게 될 것이다. 그렇게 되는 나라는 망할 날이 멀지 않다. 나라에 사고가 생겨도 지식인들은 법령이나 물고 늘어지며, 상인들은 임기응변으로 자신의 이익만 쫓고, 예능인들은 자신의 국가를 위해 일하지 않으려 한다. 그런 나라는 적의 공격에 쉽게 무너지고 만다.　　　　　─「농전」

상앙이 반지성주의를 표방하고, 특히 유가의 덕목들을 주된 공격 목표로 삼은 것은 제자백가 가운데 유가사상이 학문과 지식의 추구를 특성으로 하고 있으며, 법가의 정책에 가장 반대가 심했기 때문일 것이다. 새로 등장한 선비 계급의 수많은 사람들이 지식을 무기로 개인의 출세를 도모하는 당시의 시대적 분위기에 대한 반대의 표현이기도 하다. 상앙의 용어로는 이를 외교(外交)라 부른다(「간령」). 외교능력을 만들어주는 『시경』·『서경』 따위를 불태워 버리라는 것이 상앙변법의 주요 내용 가운데 하나이다.

부국강병이란 눈앞의 목표 앞에 지식추구가 큰 도움이 안 될지도 모른다. 지식인은 힘든 일을 기피하기 일쑤이고, 왕왕 자신의 지적 노동을 의미심장한 것으로 포장하며 힘든 일을 하는 사람을 오히려 낮추어보는 경향이 있는 것도 사실이다. 그러나 문명을 창조해내고 사회발전의 원동력 또한 지식에서 나오지 않는가? 상앙과 같은 극단적 반지성주의는 현실 목표를 충족할 수 있을지 모르지만 결국 미래를 위해 무슨 역할을 할 수 있단 말인가? 법만 존재하는 세상에서 인간은 무슨 희망과 '재미'로 살겠는가.

마침내 형벌을 가할 일이 없어지게 된다

지성의 성취를 모두 태워버리고, 지식인들을 제거해 버린다면 백성들에게 법가 자신들의 이상을 어떻게 설득할 것인가? 인의도덕이 중시되었던 시대는 가고 부국강병을 추구하는 세상이 되었다는 사실을 어떻게 알릴 것인가? 이익을 좋아하고 죽음을 싫어하는 백성들에게 힘든 농사와 두려운 전쟁에 매진하도록 어떻게 교육할 것인가? 어떤 것이 사적인 행위이며 어떤 행동이 공적인가를 어떻게 가르칠 것인가? 나라를 위해 과감히 목숨을 내던져야 할 필요성과 당위성을 백성들에게 어떻게 가르칠 것인가?

상앙의 대답은 간단하다. 법만 있으면 된다. 법을 공포하여 온 국민이 잘 알 수 있도록 하고, 법을 다루는 관리를 스승으로 삼으며, 모든 행동의 표준은 법으로 간단명료하게 정리하고, 상벌·관직·신분의 기준을 법으로 정한다. 이는 모든 국민의 의식을 '법' 하나로 통일시킨다는 의미다. 전형적인 군국주의 이데올로기인 셈이다. 상앙의 용어를 빌리면 일교(壹教)라 한다.

> 이른바 교육의 통일[壹教]이란 지식이 넓고 말을 잘하는 사람, 청렴결백과 예악을 강조하는 사람, 덕을 수양한답시고 작당하는 사람, 멋대로 사람됨의 높낮이를 평가하는 사람들로 하여금 절대로 부귀해지지 못하도록 하고, 절대로 형벌에 대해 비평하지 못하도록 하고, 절대로 개인의 사적인 논의를 군주에게 아뢰지 못하도록 해야 합니다. ……부귀를 얻는 길은 오직 하나, 전쟁뿐입니다. 전투에 능한 자는 부귀의 문에 올라설 수 있도록 해주고, 고집스레 전투를 거부한 자는 정해진 형벌을 받게 하고 절대로 사면해선 안 됩니다. 그러면 부모형제, 아는 사람, 처가식구, 뜻맞는 사람 모두 "우리가 힘써야 할 것은 전쟁뿐이야"라고 말하게 될 것입니다. ―「상형」

부귀의 길이 전투밖에 없다는 것을 백성들 모두가 알게 되면 "전쟁이 났다는 소문을 들으면 서로 축하해주고, 살면서 먹으면서 마시면서 전쟁을 노래할 것이며" 이것이 최고의 교육이라(「상형」)는 주장이다. 전투성과에 따라 관직과 상금이 어떻게 부여된다고 법으로 정해놓기만 하면 백성들 교육은 그것으로 끝이라는 주장이다.

또 그렇게 법이 정해져 있다는 사실을 모든 백성들이 다 알고 있어야 효과가 크다. 상앙의 용어로는 명법(明法)이라 한다. 백성들이 모두 알려면 간결해야 하고 쉬워야 한다. 지적인 탐구와 법에 대한 사사로운 해석을 철저히 금지하는 상황에서 백성들에게 법을 쉽게 이해시킬 수 있는 방법은 무엇인가? 법관을 두는 것이다.

> 관리나 백성들이 법령에 대해 알고 싶으면 모두 법관에게 물으면 됩니다. 그러면 천하의 관리나 백성들이 법을 모르는 사람이 없게 될 것입니다. 관리들은 백성들이 법을 잘 알고 있다는 사실을 알고 있기 때문에 감히 법에 맞지 않게 백성들을 대하지 못할 것입니다. 백성들 또한 법을 어겨가며 법관에게 죄를 짓지 않을 것입니다. 백성들 중 법을 어긴 자가 있으면 관리는 법관에게 묻고, 법관은 즉각 법에 입각한 죄목과 처벌사항을 그에게 알려줍니다. 마찬가지로 백성들 또한 법관의 말에 따라 엄정하게 관리들에게 사실을 알립니다. ―「정분」

『상군서』「정분」편은 법관은 어떻게 길러내고, 후계자는 어떤 절차를 밟으며, 법관이 법을 어겼을 경우 단 한 글자만 틀려도 사형을 내려야 한다는 등 구체적인 사항들을 기록하고 있다. 법령의 부본을 어떻게 만들며, 밀봉하여 궁중에 보관하는 요령 및 천자에서 각 군현에 이르기까지 어떤 단계의 법관을 설치하여 운영해야 한다는 세부 행정사항도 기재하고 있다. 공적인 법리 해석에 대한 권한을 법관에게만 주므로 법관의 실수와 남용이 있어서는 절대로 안 되었다. 그래서 이를 방지하는 여러 가지 장치를 고민한 것이다. 법령의 성문화, 상호감시 및 고발, 연좌제의 적용, 차별을 주지 않도록 법의 공정성을 확보해야 한다는 주장 등은 그 산물이다.

법관은 관리와 백성들에게 법을 해석해주는 역할 외에 세상 사람들의 스승이 되어 법률교육을 담당하는 역할도 한다. 법가 전문용어로는 이리위사(以吏爲師)라 한다. 법관은 "천하의 스승이 되어 모든 사람들이 법을 명확히 알고 사용하도록 하고", "천하의 스승이 되어 만백성으로 하여금 법 저촉으로 인해 위험에 빠지는 일이 없도록 해야 한다(「정분」)."

법은 이익도 규정하고 손해도 규정한다. 법관은 백성들에게 어떻게 하면 이익인가도 가르치고 어떻게 하면 법을 어기는 행위인가도 가르친다. 그리하여 백성들 스스로 피해야 할 바와 취해야 할 바, 법을 지켜 얻을 이익과 법을 어겨 받을 재앙을 알게 되어 "화를 피하고 복을 취하게 되는 것(「정분」)"

이 『상군서』가 내건 정치적 이상세계였다. 『상군서』에서는 이를 자치(自治)라 부른다.

자치의 상태에 이르면 법만 존재할 뿐 아무도 법을 어기는 사람이 없으니 자연히 형벌을 가할 일도 없어지고, 상을 줄 일도 없어지며, 가르칠 일도 없어진다. 「상형」편에는 이를 다음과 같이 표현한다.

> 성인이 나라를 다스리는 방법은 상과 형벌, 그리고 교육을 통일시킵니다. 상을 통일시키면 군대가 무적이 되고, 형벌을 통일시키면 명령이 모두 이행되고, 교육을 통일시키면 백성들이 군주에게 복종합니다. 상이 엄정하면 괜한 낭비가 없고, 형벌이 엄정하면 괜한 살육이 없고, 교육이 엄정하면 괜한 이변이 없게 됩니다. 백성들 스스로 힘써야 할 바를 알게 되어 나라에 다른 분위기가 형성되지 않게 됩니다. 상이 엄정하여 극치에 이르면 마침내 상을 줄 일이 없어지게 되고, 형벌이 엄정하여 극치에 이르면 마침내 형벌을 가할 일이 없어지게 되고, 교육이 엄정하여 극치에 이르면 마침내 교육할 일이 없어지게 됩니다.

오직 전투 성과에 따라 상을 주고, 작은 범죄라도 무거운 벌을 내리고, 오직 법관에 의한 법률 교육만을 실시하면 결국 상도 벌도 교육도 없는 자치상태에 이르게 된다는 말이다.

그러면 "군주는 넓고 편안한 침대에 누워 관현악 소리만 듣고 있어도 천하가 잘 다스려진다(「화책」).", "법은 백성을 사랑하기 때문에 존재한다(「경법」)"는 상앙의 말은 이를 염두에 둔 것일까?

그런데 이익을 추구하는 백성들이 상을 주지 않아도 전쟁에 열심히 참여할 수 있을까? 공포에 떨던 백성들이 자치에 이를 정도로 법을 알 수 있을까? 아무리 법을 잘 알아도 세상에 발생하는 그 수많은 사건을 법으로 규정할 수는 없지 않은가. 결국은 법 해석이 필요하고, 거기에 법관의 주관이 개입되지 않을 수 없다. 그런데 법관은 한 글자만 틀리게 적용해도 사형을 당한다는데, 그 틀린 것은 또 누가 정의한단 말인가? 결국 군주의 모든 신민에 대한 생살여탈권을 강화시키는 의미밖에 없지 않은가? 더 양보하여 상도 형벌도 교육도 없는 자치상태에 이르렀다 한들 그 다음의 백성은 어떻게 살아가야 하는가? 이제 사는 방법까지도 법관에게 물어봐야 하는가.

먹고 살면서 백성들이 노래하는 것은
오로지 농사와 전쟁

　이상의 역사관에서부터 이상정치에 대한 논의까지 우리가 살펴본 『상군서』의 사상은 법으로 일관되었다고 할 수 있다. 그리고 그의 법치가 추구하는 정책적 아이디어는 농사와 전쟁, 즉 농전으로 일관된다. 책엔 경전(耕戰)이란 용어가 조금 더 많이 등장하나 같은 의미다. 우리가 위에서 언급한 열 가지 주제의 사상은 사실 농전을 위한 것이었다고 할 수 있다. 예를 들면 여섯 번째 "군주가 존중받아야 명령이 이행된다"는 "국가는 농전을 통하여 안정되며, 군주는 농전을 통하여 존중받는다(「농전」)"와 연계했을 때 의미가 더 분명해진다.

　상앙의 목표는 부국강병으로 일관되며, 법치·농전·부국강병의 맨 꼭대기엔 항상 군주가 있다. 군주의 힘은 농전에서 나온다. 백성들의 이익도 농전에서 나오고 국가의 부강도 농전에서 나온다. 이상정치에 이르는 길도 농전의 성공여부에 달려 있다.

예나 지금이나 농사일은 힘들다. 일도 고되고 이익도 많이 남지 않는다. 힘든 일을 억지로 시키면 더욱 힘들다. 상앙도 이것을 잘 알고 있었다. 『상군서』는 농사일이 재미있다고 선전하지 않는다. 사람의 본성과 모순된다는 사실도 인정한다. 그렇지만 농사는 부국강병을 위한 필수사항이다. 어떻게 백성들을 여기에 전념하게 만들 수 있을까? 억지로 시키지 않고 주동적으로 농사일에 매진토록 하는 방법은 무엇인가? 상앙의 일관된 주장은 여기에도 적용된다. 상을 주어 장려하고 형벌로 통제하여 소기의 목적을 달성한다는 것이다. 물론 상앙의 일관된 주장처럼 형벌의 비중이 상을 주는 비중보다 훨씬 높다.

상을 통해 농경을 장려하는 방법은 한 가지다. 생산량에 따라 관직을 수여하는 것이다.

전쟁을 하지 않는 동안엔 농업에 전념토록 해야 한다. 그리하여 식량 생산이 많은 사람에게 관작을 주면 국가가 부유해진다.
ㅡ「거강」

백성들에게 남은 곡식이 있으면 인민들로 하여금 그 곡식으로 관작에 나아가게 한다. 그렇게 하면 관작이 반드시 인민의 노력 여부에 따라 주어질 것이므로 농사에 게으르지 않게 된다.

─「근령」

힘써 농사에 매진하는 백성들에게 관작을 상으로 주라는 말이다. 식량과 관작을 바꾸라는 얘기다. 매관매직 아닌가? 같은 법가라도 한비자 등은 매관매직이 망국의 길이라고 비판하는데, 상앙은 오히려 이를 부추기고 있다. 물론 팔고 사는 문제가 아니라 생산량이 많은 농민들에게 상으로 관직을 수여하면 다른 사람들도 따라서 열심히 농사를 짓게 될 것이라는 유인책이다. 상앙은 곡식으로 관작을 얻도록 하는 것이 일석이조의 이익을 거둘 수 있다고 주장한다. 국가는 대량의 식량을 얻을 수 있고, 백성들이 현재 생산에 만족하지 않고 더욱 열심히 농사를 짓게 된다는 것이다.

형벌을 통해 농사를 장려하는 방법은 여러 가지다. 예를 들면 첫째, 농경에 힘쓰지 않는 사람에게 엄한 형벌을 가하라고 한다(「신법」). 농사일이 힘들어 안 하는 사람들에게 무거운 형벌의 고통을 가하면, 서로 비교해보고 농사일을 열심히 하는 것이 훨씬 덜 힘들다는 것을 알게 되어 전념하게 된다는 얘기다. 둘째, 상공업에 종사한 사람들의 이익을 철저히 박탈하라고 한다. 상공업 세금은 무겁게 늘리고, 식량 가격을 올려주고, 농경 관련 세금은 대폭 내리라고 한다(「외내」). 셋째, 농민들에게 지식전달을 못하게 하고, 각종 서비스업을 폐지하도록 하며, 마음대로 이사를 못 다니게 하는 등 행정관리를 강화해야 한다(「간령」)는 등이다. 『상군서』에서는 이를 중농억말(重農抑末)이라 한다.

> 곡식이 싸면 농민이 가난해지고, 돈 가치가 무거우면 상인이 부유해진다. ……농사짓지 않는 사람들에 대해선 세금을 많이 징수하고, 장사들의 이익에 대해선 반드시 무겁게 세금을 매겨야 한다. ─「외내」
>
> 국가가 경내에서의 곡식생산을 중시하면 부와 식량 둘 다 성과를 본다. 창고가 실해지고 국부가 튼튼해져 결국은 나라가 강해진다. ─「거강」

한편, 전쟁은 농사보다 더 힘들며 죽음의 공포 때문에 백성들 누구나 싫어한다. 『상군서』에도 백성들은 내부 일 가운데서는 농사를 제일 힘들어하고, 바깥 일 가운데서는 전쟁을 가장 어려워한다고 쓰고 있다. 두려워하고 싫어하고 어려워하는 전쟁에 어떻게 백성들을 끌어들일 것인가? 용감하게 자발적으로 전투에 참여하지 않는 한 전쟁을 이길 방법이 없다. 여기서도 『상군서』는 상과 형벌이란 두 가지 기제를 사용하라고 충고한다.

상을 통해 전쟁을 장려하는 방법은 한 가지다. 전투 성과
에 따라 관작을 수여하고 이익을 챙겨준다.

성을 공격하여 8천 명 이상을 참수한 경우에 성과에 따라 작위
를 한 등급씩 올려준다. 백병전의 경우 2천 명 이상을 참수한 경
우에 성과에 따라 작급을 올려준다. ……3일이 지나도 주관 사
대부에게 공적에 따른 작위수여를 보고·요청하지 않으면 현령
또는 해당 장관을 파면시킨다. 각 현에선 현승(縣丞)과 현위(縣
尉)가 논의를 주도하는데, 지휘관 이상의 수급 하나 이상을 가
져오면 상으로 한 급수를 올려준다. 거기에 농토 1경(頃)과 택
지 9무(畝)를 더하여 준다. 급수마다 서자 한 사람씩을 둘 수 있
으며, 그를 군대의 관리로 충당한다.　　　　　　　　　—「경내」

상앙시대 기병
낙양에서 출토된 청동거울에 새겨진 상앙시대의
기병모습.

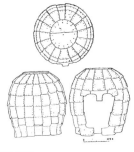

상앙시대 갑옷
하북성에서 출토된 상앙시대의 갑옷에 대한
구조도.

오직 전투성과에 따라 관직의 직급을 올려주고, 또 그에 상응하는 권익을 제공한다. 상앙은 변법을 통해 진나라에 20 등 군작을 마련하였다. 전체가 군공에 입각한 안배였다. 땅을 더 얻고 싶거나, 출세하고 싶거나, 높은 관직을 원하면 전쟁에 참여하여 적의 수급을 많이 베는 방법밖에 없다. 그러니 이를 원하는 백성들은 전쟁이 터졌다는 소식을 목말라 기다리게 된다는 것이다.

형벌을 통해서도 전쟁 참여를 독려할 수 있다. 전쟁에 참여하여 피를 흘리고 죽기 싫어 피하는 사람에겐 그보다 더 혹독한 형벌을 가해야 한다. 전투에 나가지 않아 당하는 치욕 때문에 삶이 더욱 괴롭도록 만들어야 한다. 그러면 차라리 피 흘리고 전쟁하는 것이 낫다고 생각하게 되어 겁쟁이가 용감하게 탈바꿈하게 될 것이다.

> 백성들을 전투에 끌어들이려면 반드시 법을 무겁게 해야 한다. 상은 반드시 주어야 하고, 위엄은 반드시 심할 정도로 갖추어야 한다. ……백성들이 전쟁으로 얻는 상이 대단함을 보면 죽음을 잊을 것이고, 전투에 나가지 않는 치욕을 당하면 삶이 괴롭다는 것을 알게 될 것이다. 상이 그들로 하여금 죽음을 잊게 해야 하며, 전투에 나서지 않는 사람에게 가하는 혹독한 형벌은 그들로 하여금 삶이 괴롭도록 만들어야 한다.　　　　　　—「외내」

상앙은 모든 국민의 군사화, 즉 국민개병제를 주장한다. 모든 국민이 농사를 지어 생산력을 향상시키고, 전쟁이 벌어지면 모든 국민이 전투에 참여하도록 제도를 구상하였다. 건강한 남자, 건강한 여자, 노약자를 따로 나누어 3개 군대를 편성하고, 각자 직무에 충실하며 자기 초소 위치를 지키도록 한다.

> 백성들을 오직 한 가지, 즉 전쟁에 전념하게 할 수 있으면 백성들이 용감해진다. 백성들을 오직 한 가지, 즉 전쟁에 전념토록 할 수 없으면 백성들은 용감해지지 않는다. 성왕은 병력에 몰두해야 천하의 제왕이 될 수 있다는 것을 알기 때문에 군사정책으로 거국적인 병역의무를 실시한다. ─「화책」

오직 전쟁을 통해서만 직급의 상승과 이익을 얻을 수 있으며, 누구나 다양한 형태로 전쟁에 참여할 수 있으므로 사실 모든 사람이 상을 받을 수 있는 기회가 생기는 셈이다. 그래서 백성들이 전쟁 소식을 들으면 모두 기뻐한다는 것이다. 평상시 백성들 사이의 모든 대화 또한 전쟁 얘기로 채워지도록 한다. "기거하면서 음식을 먹으면서 노래하는 것은 모두 전쟁(「상형」)"이고, "백성들이 전쟁을 보면 배고픈 승냥이가 고기를 보듯이(「화책」)" 만들어야 한다는 주장이다.

상앙의 시대는 전쟁의 시대였다. 전쟁의 시대에 『상군서』
는 농사와 전쟁을 국가라는 마차의 두 바퀴로 상호보완적이
라고 생각하였다. 농사는 전쟁을 위한 준비이며, 전쟁은 또
한 농경을 촉진시킨다. 농민은 전사들의 가장 훌륭한 예비군
이며, 농토는 전사를 배양하는 토양이다. 농민들은 순박하고
형벌을 두려워하며 곤궁하기 때문에 이를 일거에 벗어나게
해주는 농전에 적극적으로 참여하게 된다는 것이다.

> 사람의 성정을 보면 순박할수록 열심히 일하며 쉽게 힘을 발휘
> 한다. 가난할수록 지혜가 생겨 무엇이 이익인지 잘 계산한다.
> 쉽게 힘을 발휘하면 죽음을 가벼이 여기므로 국가를 위해 즐겁
> 게 쓰일 수 있으며, 이익을 잘 계산하면 형벌을 두려워하므로
> 힘든 농사일도 척척 해낸다. 힘든 농사일을 척척 해내면 토지생
> 산력을 충분히 발휘할 수 있으며, 국가를 위해 즐겁게 쓰일 수
> 있으면 군사력을 충분히 발휘할 수 있다.　　　　　　―「산지」

　백성들을 농전으로 유인하려는 『상군서』의 주장들은 피가
철철 흘러 넘치며 수단 또한 잔인하기 이를 데 없다. 상앙이
만들고자 한 세상은 전쟁에 나갈 때 아버지가 아들을 보내며,
형이 동생을 보내며, 아내가 지아비를 보내며 한결같이 "적의
목을 베지 못하면 돌아오지 말라!(「화책」)"고 하는 그런 세상

이다. 그러면 전쟁은 이길 것이다. 그러나 '사람'은 사라지고 없다. 다양한 사람이 존재하면서 보다 나은 문명을 개척해 나가는 인간사회는 없다. 삶 자체가 투쟁인 맹수들의 세계일 따름이다. 전쟁만이 문제를 해결하는 유일한 방법인가? 싸우지 않고도 문제를 해결할 수 있는 능력 때문에 인간은 만물을 지배하고 사는 것 아닌가? 사상이 생명을 지니려면 현실적 성취보다 보편적 가치를 지속시킬 수 있어야 한다.

4장

왜 『상군서』를 읽어야 하는가

정치개혁 성공의 여파

전쟁의 시대에 전쟁에 관한 제자백가의 견해는 여러 가지로 엇갈렸다. 전쟁의 종식을 외치고 다니는 사상가들도 있었고, 정의를 수호하는 전쟁에만 의미를 부여하는 사상가들도 있었고, 전쟁을 저주하는 사상가들도 있었고, 전쟁 예찬론자들도 있었다. 그러나 어느 나라든 군주들은 전쟁을 통한 국력신장에 관심이 많았다. 강대국들은 전쟁으로 패자가 되기를 바랐고, 약소국들도 전투력을 길러 방어하는 데 관심이 많았다. 당연히 상앙과 같은 법가들이 큰 환영을 받았으며, 어느 나라에서든 법가들은 전투력 향상을 위해 국내 정치개혁부터 손을 댔다.

『상군서』는 전쟁만이 당시의 문제를 해결하는 유일한 방법이라고 말한다. 어떤 수단을 사용하든 전쟁을 승리로 이끌어야 한다고 주장한다. 이를 위해 정치개혁을 통한 농전정책의 철저한 시행을 강조한다. 상앙이 수행한 제1차 변법과 제2차 변법의 목적은 모두 여기에 있었다. 모든 분야의 개혁조항은 대성공을 거두었다. 사마천은 다음과 같이 평가했다.

> 개혁을 실시한 지 10년이 지나자 진나라 백성들은 크게 기뻐하였다. 길에 떨어진 물건을 주워 가는 사람이 없어졌고, 산에는 도적이 사라졌으며, 집집마다 풍족하였다. 백성들마다 공적인 전투에 용감하고 사적인 싸움은 피하였다. 모든 고을들이 기막히게 잘 다스려졌다. ─「상군열전」

진나라에 끼친 상앙의 영향은 절대적이었다. 신념에 가득 찬 한 사람의 개혁이 짧은 시간에 온 진나라의 풍속을 바꾸어버린 것은 실로 놀라운 일이다. 100년쯤 지나 이 나라에 와본 순자(荀子)는 진나라의 변한 풍속에 감동해마지 않았다. 정치개혁에 성공하면 나라가 얼마나 달라지는지를 잘 묘사하고 있다.

> 국경에 들어와 풍속을 보니 백성들이 순박하고 음악이 추잡하지 않았다. 복장이 단정하고 관원을 심히 두려워하면서도 잘 따

르는 것이 모범적인 옛 백성이다. 도읍의 관청을 살피니 모든 관리들이 숙연하였다. 공경하고 검소하고 돈후하고 믿음에 충만해 있으며, 거친 사람이 하나도 없는 것을 보면 모범적인 옛 관리들의 모습이었다. 수도에 들어가 사대부들을 관찰하니 제집 문을 나서면 바로 관공서로 출근하였으며, 관공서에서 나오면 바로 귀가하여 사적인 업무를 보는 일이 없었다. 연고를 따지지 않고 붕당을 만들지도 않으며, 시원스럽게 사리를 꿰뚫으면서 공적인 업무에 충실하지 않는 사람이 없는 것을 보면 모범적인 옛 사대부들을 보는 것 같았다. 조정을 살펴보니 정무의 처리가 과단성 있고 한 가지 일도 빠뜨리지 않으며, 마치 정치를 하지 않는 것처럼 편안하니 모범적인 옛 조정을 보는 것 같았다. 정말로 잘 다스려지는 나라였다. —『순자』「강국」

집집마다 상앙의 법을 갖고 있었으며, 그의 사상은 진시황의 천하통일 이후까지도 진나라 정책의 원칙이 되었다. 진시황의 재상이었던 이사(李斯)의 말을 빌리면 "효공이 상앙의

진황실 옥새
최초의 중국통일을 달성한 진시황이 사용했던 것으로 추정되는 황실의 옥새.

법을 운용하여 풍속을 바꾸니 백성들은 풍요로워졌고 나라는 부강해졌다. 온 국민들이 즐거워하였으며 다른 나라 제후들이 친히 복종하였다. 초나라·위나라 군대를 물리치고 땅을 천 리나 얻었다. 오늘날 진나라는 그렇게 강해졌다(『사기』「이사열전」)"고 한다. 진에 의한 통일천하의 기초가 상앙에 의해 다져졌음은 의심할 나위가 없다.

범법자에 대한 밀고제도와 연좌제도에 대해 한비자는 극찬해 마지않는다. 그로 인해 "군주는 존중을 받게 되었으며 나라는 부강해졌다(『한비자』「화씨」)"고 한다. 이 제도는 진나라 멸망 때까지 적용되었고, 후대 보갑(保甲)제도의 기원이 되었다. 상공업을 억제하고 농업을 장려한 『상군서』의 주장들은 당·송 시대에도 적용되었다.

한 남자 중심으로 가족제도를 개혁한 것은 종법적 사회구조를 변화시켰으며, 20등 군작제를 시행한 것은 귀족의 세습특권을 약화시켜 중앙집권적 정치구조 형성에 큰 영향을 미쳤다. 『상군서』의 작급제도는 대부분 한나라 때 그대로 이용되었다. 봉건을 폐지하고[11] 군주가 직할 통치하는 군현제도를 확립시킨 것은 중국정치사를 완전히 뒤집어놓은 대 사건이다. 전통시대 중국 군주전제제도의 중요한 기틀이 상앙에 의해 마련된 것이다.

『상군서』의 다음 기록들은 동아시아 문명의 가장 중요한 기틀 가운데 하나인 호적제도의 유래를 알 수 있게 해준다. 상앙은 중국호적제도의 창시자라 할 수 있다.

> 국경 내의 모든 남자와 여자의 이름을 위에 보고하도록 한다. 산 사람은 기록해두고 죽은 사람은 삭제한다.　　　—「경내」
> 백성들의 인구와 호구 숫자 등을 조사하여 살아 있는 경우는 밝혀두고 없어진 경우는 삭제한다.　　　—「거강」
> 상인으로 호적에 등재된 자들만 장사를 하도록 하고, 말을 먹이거나 가마를 관리하는 천한 직업들에 종사하는 많은 사람들을 반드시 호적에 등재하도록 명령을 내린다.　　　—「간령」

또한 상앙이 통일시킨 도량형은 급속도로 중원 각 나라로 번졌다. 아울러 진나라 정치개혁 성공에 대한 중원 국가들의 관심이 반영되어 상앙의 정책기조와 저술 등 다른 나라에 큰 영향을 미친 듯하다. "군대를 움직이면 땅이 넓어지고, 군대가 쉬면 나라가 부유해지는 것(『전국책』「진책3」)"은 어느 나라나 바라는 것이었다. 마침내 천자도 효공에게 선물을 내리고 제후들 모두가 축하하였다(「상군열전」).

진정한 개혁의 성공은 사회 기층조직과 국민생활을 철저히 바꾸어 새로운 세상을 만들어냈을 경우이다. 이 점에서 상앙의 변법은 완전한 성공을 이루었다. 당시 각 나라 정치

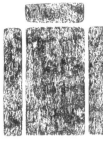

좌 - **상앙방승** : 기원전 344
년 상앙이 도량형 통일
을 명하여 만들었던 표
준량을 재는 되. 상해박
물관 소장.

우 - **상앙방승명문** : 상앙방
승에 새겨진 글씨의 탁
본. 되의 표준을 설명하
고 있다.

개혁의 모범이 되었을 뿐만 아니라 중국 역사상의 그 어떤 변
법보다도 훌륭한 성공을 거두었다. 중국 역사에 등장하는 수
많은 개혁정치가들 대부분은 상앙의 변법을 중요한 교과서
로 삼았다. 당연히 『상군서』는 개혁가들에게 금과옥조였을
것이다.

『상군서』 사상, 무엇이 한계인가

　　법가사상은 현실적이다. 법가 사상가들은 시대에 충실하다. 격변기 정치사회에서 살아가면서 상앙은 시대의 요구가 부국강병임을 누구보다 잘 알고 있었다. 그는 부국강병의 목적에 도달하기 위한 숱한 아이디어와 정책을 만들어냈다. 법치와 농전 두 개념으로 간단히 정의할 수 있는 그의 사상은 이러한 시대환경의 산물이었다.

　　상앙은 행운아였다. 자신의 사상을 현실에 접목시켜줄 든든한 군주를 만났고, 생전에 사상이 현실로 실천되는 영광도 누렸다. 이 점을 부인할 수는 없다. 그가 시대를 잘못 읽었다거나 역사적 판단착오의 과오를 저질렀다거나 하는 비판은 상앙에게 부적절하다. 그러나 시대에 맞아떨어졌다고 하여 모든 사유와 행동이 정당하다고 할 수는 없다. 다음에선 그의 사상과 실천 자체에 대해 몇 가지 이의를 제기함으로써 법가사상과 중국의 정치전통을 보다 정확히 읽는 지혜를 얻고자 한다.

상앙은 철두철미한 반전통주의자다. 세상이 바뀌었으니 가는 길도 달라져야 한다고 주장한다. 과거의 예를 들어가며 탁월한 지도자는 항상 그 시대에 맞는 법으로 정치적 성공을 거두었다고 주장한다. 세상은 끊임없이 변화한다는 사실엔 동의할 수 있다. 그러나 살아가는 모든 방법이 바뀌어야 한다는 데는 동의할 수 없다.

전통을 지키려는 까닭은 옛날로 되돌아가자는 것이 아니다. 미래를 열어가는 데 선인들의 지혜를 참고하자는 얘기다. 전쟁의 시대에 전통적인 예치(禮治)에 매달리지 말고 강력하고 새로운 법치(法治)로 나가야 발전이 가능하다는 데는 동의할 수 있다. 그러나 그 새로운 법치를 위해 근거를 찾고 장차 드러날 문제점을 미리 알고 해결방법을 모색하는 데 전통은 여전히 유효하다. 일체의 전통을 수구보수로 싸잡아, 버려야 할 유산으로 취급하는 것은 뿌리에 대한 자기부정이다. 이는 결국 모든 것이 바뀌어야 한다는 자신의 주장도 곧 버려야 할 유산으로 전락하게 된다는 자기 모순이다.

좋아하고 싫어하는 바를 잘 이용해 백성을 다스려야 한다는 상앙의 주장은 백성을 목적이 아닌 수단으로 본다는 의미이다. 사람은 이기적이라는 그의 얘기는 일리가 있다. 그러나 이기심을 부추겨 목적을 달성하겠다는 주장은 무리가 있다. 사람은 힘든 일을 싫어하는 성질이 있으므로 더 힘든 벌을 주면 이기적 선택을 하여 힘든 일을 하게 될 것이라는 주장은 모순이다. 이기적 선택이란 선택의 여지가 있을 때 자신에게 이익이 되는 방향으로 선택한다는 얘기다. 전혀 선택의 여지를 두지 않은 채 죽기 싫으면 일하라는 강요를 인성과 관련시키는 것은 무리이다.

고통을 이겨내면 달콤한 열매가 기다린다는 말은 매우 그럴듯하다. 실제로 많은 사람들은 이런 희망으로 살아간다. 그런데 이 바람은 그런 사례를 경험으로 알고 있거나 현실의 아픔을 냉정하게 보고자 하는 인간의 이성 능력을 인정할 경우에만 가능하다. 설령 그렇다 하더라도 고통의 시간이 너무 길어지거나 아픔의 정도가 너무 심하면 절망에 떨어지기가 십상이다.

상앙은 부국강병이란 목적을 달성하기 위해 모든 사람들에게 고통을 강요했다. 농전 외에 일체의 역사적 경험이나 인간의 이성 능력을 무시했다. 10년쯤 지나 귀족들의 이익을 박탈하고 전쟁을 통해 얻은 이익의 분배로 백성들이 지난날보다 더 잘살게 되었던 것은 사실이다. 그러나 그들의 고통에 비례하는 달콤한 대가가 아니라 지적 욕구를 포기하고, 천륜의 즐거움을 버리고, 희생과 봉사의 유쾌함을 멀리한 상태로 적의 수급을 얼마나 베느냐와 농사에서 얼마나 목표량을 초과하느냐에 따라 주어지는 관작과 배부름뿐이었다. 상앙은 백성들에게 희망을 주는 정치를 한 것이 아니었다.

정치가 존재하는 이유는 인간사회의 숱한 갈등 때문이다. 사람의 생각과 삶과 행동은 누구나 다르다. 그래서 어떤 문제가 생기면 이해관계를 둘러싸고 첨예하게 대립한다. 개인일 경우 문제를 잊어버릴 수도 있고, 종교적 인내로 백 퍼센트 양보하여 갈등이 소멸될 수도 있다. 그러나 사회의 경우 타협·조정·양보·수용 등 복잡한 극복의 노력을 기울이지 않는 한 갈등은 절대로 잊어버리지도 그냥 소멸되지도 않는다.

그런데 상앙은 극복 노력을 기울이지 않았다. 거꾸로 사람의 삶과 행동과 생각의 다름을 없애버리고 하나로 통일시키려 했다. 문제를 아예 무시해 버리기로 한 것이다. 한 쪽의 일방적 양보를 강요하여 타협이나 조정의 필요성이 대두되는 일을 막아버렸다. 이는 문제 해결의 방법이 아니다. 강제로 수면 아래 가라앉힌 문제는 강압이 느슨해지면 언제든 다시 수면 위로 떠오른다. 억지로 잠을 재웠다고 하여 문제가 같이 잠들지 않는다. 꿈에도 나타나고 잠이 깨면 문제는 그대로 있다. 상앙은 해결을 위한 정치를 한 것으로 보이지 않는다.

이 점에서 그의 반지성주의는 특히 문제가 많다. 상앙은 국내에 단 하나의 사상 기준만 있어야 통치의 효과를 높일 수 있다고 생각했다. 히틀러나 무솔리니의 경우에서 보듯이 독재는 일시적 단결이라는 통치효과를 가져온다. 그러나 이 상황 아래의 백성들이란 모두가 무지몽매하든지 아니면 이성적 판단을 결여한 광적인 열광에 빠진 경우다. 그래야 진심으로 머리를 조아리며 위대한 존재로 꾸며진 군주의 영도를 받아들일 수 있기 때문이다. 상앙이 공개적으로 기탄없이 반지성주의를 주창할 수 있었던 근거 또한 여기에 있다. 결국 그의 주장은 군주를 한없이 높이는 존군론에 다름 아니다.

존군은 신하와 백성들에 대한 비하를 상정한다. 신하와 백성들의 의견은 의미가 없다. 차원이 낮기 때문이다. 지식인들의 비판은 차원 높은 군주의 판단과 행위에 대한 의미 없는 비방에 불과하다. 물론 정치는 전체 사회를 보다 나은 곳으로 이끌려는 노력과 고민의 산물이기도 하다. 그러나 다수 백성들의 노력과 역사적 지혜를 통찰하는 지식인들의 고민이 배제된 상태로 전체 사회를 보다 나은 곳으로 이끌 수 있을까? 보다 나은 사회를 군주가 설정하고 국가의 기본정책이나 정치노선을 군주 한 사람이 결정한다면 그것이 공적(公的)인 것일까? 이 점에서 사를 버리고 공에 충실하라는 상앙의 주장은 스스로 모순이 아닌가. 한나라 이래 겉으론 유가의 외피를 쓰고 실제론 법가 통치를 해온 중국의 정치전통도 어떤 면에선 바로 법가 존군비신론의 연장이고,[12] 상앙의 예의 모순을 이겨내지 못한 것으로 보인다.

그 외, 사람을 전쟁의 노예로 만들어 버린 점은 그 어떤 논리로도 동의하기 어렵다. 부모가 자식에게, 형이 아우에게 전쟁터에 나가 전과를 올리지 못하면 살아 돌아오지 말라고 말할 것이라는 데 대해서는 그 어떤 논리로도 이해하기 힘들다. 문명을 움직이는 동력이 사람의 상상력과 문화에 대한 이상이라는 데 조금이라도 동의한다면, 사람은 자신의 문제를 스스로 해결할 수 있는 이성적 능력이 있다는 것을 조금이라도 신뢰한다면, 백성들의 사고는 오로지 농사와 전쟁이요, 전투가 벌어지면 서로 축하하리라는 『상군서』의 주장이 갖는 허약한 생명력을 금방 알 수 있을 것이다.

지금 왜 『상군서』인가

　『상군서』에 내재하는 일부 사상적 한계에도 불구하고 상앙이 일궈낸 정치적 업적은 그 한계를 뛰어넘는 대단한 것이었다. 앞에서 우리는 그것이 시대와 맞아떨어진 현실주의적 사유에서 비롯되었다는 결론을 내렸다. 인간사회의 이상은 대개 현실의 반영이다. 우리는 이상을 통해 현실의 문제점을 보다 명확히 인식할 수 있다. 현실과 맞대응하면서 세상을 개조할 방안을 모색한 상앙의 고민은 우리에게 무엇을 이상으로 삼아야 하는지에 대한 지혜를 제공해준다.

　세상은 끝없이 변화한다. 전국시대에도 그러했고 지금도 그러하며 앞으로도 그럴 것이다. 『상군서』는 변화 속에서 국가사회가 나아갈 길을 매우 구체적인 언어로 표현하고 있다.

끝없이 변화를 갈구하는 것은 스스로에 대한 지속적인 노력과 꿋꿋한 자기 의지가 없이는 불가능하다. 과거에 대한 미련을 과감히 버리고 현상에 대해서도 끝없는 개혁을 외치는 상앙의 삶과 의지는 개혁을 외치는 현대 정치지도자들이 가져야 할 모범적 태도로 보인다.

상앙의 뚜렷한 목적의식과 일관된 의지는 중국 역사상 가장 획기적인 개혁의 성공을 불러왔다. 그럼에도 불구하고 『상군서』의 사상이 지속적인 생명력을 갖지 못하고 각박하고 비인간적이라는 비판을 줄기차게 받아온 이유는 그가 비판에 열려 있지 않았기 때문이다. 정치적 공론의 장을 억눌러버리고 사람들을 정치로부터 소외시켜 버렸다. 그 결과는 자신의 논리 속에 존재하는 비논리 혹은 문제점에 대한 반성을 불가능하게 함으로써 이론의 발전을 어렵게 만든다. 수많은 독재자의 말로와 똑같은 상앙의 말로를 보면서 한 국가 또는 정치지도자가 기본정책이나 정치노선의 결정을 위해 얼마나 많은 공론의 장과 지성의 비판을 필요로 하는가를 알 수 있다.

『상군서』는 미래를 위한 과거청산과 현상의 타파를 주장하면서도 미래를 위한 제도적인 설계에 이르지 못하였다. 상앙의 법은 농후한 제도적 의미를 지니고 있으며 또 존군과 부국강병이란 현실적 목적에 도달하기도 했다. 그러나 그 성공은 이론적인 성공 때문이라기보다 "법령이 내려지면 반드시 실천하였고, 안으로 귀족이나 총신에게 아부하지 않았으며, 밖으로 관계가 멀다고 차별하지 않았던" 진효공과 상앙 자신의 견실한 정치적 성품 때문으로 보인다. 그런데 우리가 경험으로 알고 있듯이 역사상 그들과 같은 굳건한 실천력과 일관된 의지를 가진 지도자를 만나기는 쉽지 않다. 따라서 제도적 장치를 마련하여 사람에 의한 자의적 지배에서 벗어날 수 있다면, 영명한 지도자가 아니더라도 정치적 성공을 거둘 수 있을 것이다. 상앙이 한 걸음 더 나아가 군주까지 통제할 수 있는 제도적 법치 구상을 하였다면 중국 역사는 완전히 바뀌었을 것이다. 당대의 성공을 미래의 동력으로 승화시킬 수 있어야 진정한 성공이다.

역사상 상앙에 대한 평가는 "온 몸을 바쳐 딴 생각을 품지 않았으며, 오직 공으로 처리할 뿐 사적인 일은 돌아보지 않았다"는 것이다. 『상군서』를 읽고 있으면 무엇이 공적인 것인지, 공적인 처리를 위해선 어떻게 해야 하는지, 사적인 것들을 어떻게 막아야 하는지 등에 관해 자기도 모르는 사이에 느낄 수 있다. 다만 군주와 법이라는 일방이 신민과 지식이라는 일방을 완전히 억눌러버리는 사고와 방법이 답답할 따름이다. 상앙과 『상군서』는 부국강병이란 현실적 목표 앞에서 쌍방이 서로 자극하여 힘을 만들어내게 함으로써 역사상 상당히 진보적인 작용을 하였다. 그럼에도 불구하고 사고와 방법의 모순 때문에 본인은 몰락하고 저술과 사상은 『한비자』 이후에 누구도 계승한 사람이 없었으니 애석한 일이다.

2부

본문

오늘날 전해지는 『상군서』는 모두 26편이다. 고대 두루마리 편제로 나누었을 경우 5권으로 구분되었다. 그 가운데 두 편은 제목만 있고 내용이 없어졌다. 그러니 사실 24편만 존재하는 셈이다. 2만1천여 자에 불과한 크지 않은 책이다. 한 편이 한 분야의 내용을 담은 작은 책자와 같으므로, 사실은 24권으로 구성된 총서인 셈이다.

1. 동양 고전은 판본과 출판시대에 따라 많은 차이가 난다. 따라서 고한문에 대한 정확한 번역시는 원문·자구주석·번역·해설 네 체제를 갖추어야 한다. 그러나 여기서는 완전히 풀어쓴 한글 번역문을 싣고 해설 없이 옮 긴이가 표점을 찍은 원문을 뒤에 붙인다.

2. 주사철(朱師轍)의 『상군서해고정본(商君書解詁定本)』(대북 : 세계서국, 1981년 5월 제5판)을 대본으로 삼았으며, 장예홍(張禮鴻)의 『상군서추지 (商君書錐指)』(북경 : 중화서국, 1986년 4월 제1판 1996년 9월 인쇄본)와 하릉허(賀凌虛)의 『상군서금주금역(商君書今註今譯)』(대북 : 대만상무인 서관, 1987년 3월 초판)을 주로 참고하였다.

3. 각 편 상단에 문장의 형태적 분류와 저술 정보에 대한 간단한 설명을 붙 였다. 한문 대조의 편의를 위해서 번역문과 원문에 비교적 많은 구두점을 찍고 단락도 여럿으로 나누었다. 여러 책을 참조하여 논리적인 구분을 중 시했으나 역자의 자의가 섞인 곳도 없지 않다.

4. 어떤 고전이든 나름의 특성이 있듯이 『상군서』 또한 독특한 성질을 지니 고 있다. 오랜 세월 동안 유가적 지식에 영향을 받아온 우리가 이해하기 힘든 용어와 관념이 무시로 등장한다. 철저히 부국강병론의 입장에서 이 해하려 노력하면서 정치학 용어를 동원하여 풀어쓰기를 많이 하였으므로 이를 감안한 독해를 바란다. 그러나 원문의 맥락은 흐트러뜨리지 않으려 노력하였다.

5. 상앙의 여러 호칭은 일괄적으로 상앙으로 표기하였으며, 다른 고유명사 의 경우도 독자의 편의를 위해 통일시켰다.

법을 바꿔야 한다

* 변법령 반포에 앞서 효공 앞에서 벌어진 상앙과 보수논객들의 논
쟁을 기록한 전국시대 작품.

진효공이 국가의 백년대계를 계획하였다. 상앙·감룡·
두지 세 대부가 군주 옆에 앉아 있었다. 그들은 세상사의 변
화를 같이 생각하면서 법률 수정의 근본 문제와 백성들을 부
리는 방법에 대해 토론하고 연구하였다.

孝公平畵, 公孫鞅·甘龍·杜摯三大夫御於君, 慮世事之變, 討正法之

효공평화, 공손앙·감룡·두지삼대부어어군, 여세사지변, 토정법지

本, 求使民之道.

본, 구사민지도.

효공이 말했다. "선군을 계승하여 즉위했으면 사직을 잊지 않는 것이 군주가 해야 할 도리일 테고, 법률을 시행하면 군주의 장점이 반드시 드러나도록 하는 것이 신하가 해야 할 행위겠지요. 지금 과인은 법을 바꾸어 나라를 다스리고, 예의를 고쳐 백성들을 교화하고 싶은데 세상 사람들이 나를 비판할까 걱정입니다."

君曰: "代立不忘社稷, 君之道也; 錯法務明主張, 臣之行也. 今吾欲變

군왈: "대립불망사직, 군지도야; 착법무명주장, 신지행야. 금오욕변

法以治, 更禮以敎百姓, 恐天下之議我也."

법이치, 경례이교백성, 공천하지의아야."

상앙이 대답했다. "신이 듣자오니 '행동을 머뭇거리면 끝을 못 보고, 일을 머뭇거리면 성공하지 못한다'고 합니다. 주군께서 변법을 해야겠다는 결심을 급히 내리셨다면 세상 사람들이 그것에 대해 왈가왈부 하는 따위는 전혀 걱정하지 마십시오. 고차원적인 행동을 하는 사람은 항상 세상의 논란거리가 되며, 독특한 견해를 지닌 사람은 반드시 보통 사람들의 비난을 받게 됩니다.

속담에 이런 말이 있습니다. '어리석은 자는 일이 성사된 뒤에도 그 이유를 모르고, 지혜로운 자는 아직 싹트기도 전에 벌써 꿰뚫는다. 백성들이란 더불어 일을 도모할 수 있는 상

대가 아니라 더불어 성공을 즐기면 되는 상대이다.' 진(晉)의
명신 곽언(郭偃)의 법엔 '최고의 덕을 논하는 사람은 세속과
화합하지 않고, 위대한 공을 이루는 사람은 대중과 도모하지
않는다'고 말합니다. 법이란 백성을 사랑하기 때문에 있는
것이고, 예란 일 처리를 편리하게 하려고 있는 것입니다. 그
래서 성인은 국가를 부강하게 만들 수만 있다면 옛 법도를 본
받지 않고, 백성들을 이롭게 할 수만 있다면 옛 예법을 따르
지 않습니다."

公孫鞅曰: "臣聞之, '疑行無成, 疑事無功'. 君亟定變法之慮, 殆無顧

공손앙왈: "신문지, '의행무성, 의사무공'. 군극정변법지려, 태무고

天下之議之也. 且夫有高人之行者, 固見負於世; 有獨知之慮者, 必見

천하지의지야. 차부유고인지행자, 고견부어세; 유독지지려자, 필견

訾於民. 語曰: '愚者闇於成事, 知者見於未萌. 民不可與慮始, 而可與

자어민. 어왈: '우자암어성사, 지자견어미맹. 민불가여려시, 이가여

樂成.' 郭偃之法曰: '論至德者不和於俗; 成大功者, 不謀於衆.' 法者,

락성.' 곽언지법왈: '논지덕자불화어속; 성대공자, 불모어중.' 법자,

所以愛民也; 禮者, 所以便事也. 是以聖人苟可以彊國, 不法其故; 苟

소이애민야; 예자, 소이편사야. 시이성인구가이강국, 불법기고; 구

可以利民, 不循其禮."

가이리민, 불순기례."

효공이 말했다. "좋습니다."

孝公曰: "善."

효공왈: "선."

감룡이 반박했다. "그렇지 않습니다. 신이 듣기에 성인은 백성들의 성향을 바꾸지 않고 교화하며, 지혜로운 사람은 법을 바꾸지 않고 다스린다고 합니다. 백성들의 성향에 맞추어 교화하는 사람은 힘들이지 않고 일을 이룰 수 있으며, 옛 법도에 의거해 다스리면 관리들이 잘 이해하며 백성들도 편안해 합니다. 그럼에도 지금 변법을 하여 진나라 옛 법도에 따르지 않고, 예법을 바꾸어 백성들을 교화하려 하신다면, 세상 사람들이 주군을 비난하지 않을까 신은 두렵습니다. 원컨대 깊이 헤아려 주십시오."

甘龍曰: "不然. 臣聞之, 聖人不易民而敎, 知者不變法而治. 因民而敎

감룡왈: "불연. 신문지, 성인불역민이교, 지자불변법이치. 인민이교

者, 不勞而功成; 據法而治者, 吏習而民安. 今若變法, 不循秦國之故,

자, 불로이공성; 거법이치자, 이습이민안. 금약변법, 불순진국지고,

更禮以敎民, 臣恐天下之議君, 願孰察之."

경례이교민, 신공천하지의군, 원숙찰지."

상앙이 말했다. "저 사람의 말은 그저 세속적인 얘깁니다.

보통 사람들은 옛 습속에 젖어 살며, 학자들은 자기가 배운 바에 빠져 삽니다. 이 두 종류의 사람들은 그저 관직이나 누리고 작은 법이나 지키고 삽니다. 그들과 더불어 법 밖의 일을 논의하기는 불가능합니다. 하·은·주 3대는 각기 다른 예법을 갖고 있었는데도 모두 왕업을 이루었으며, 5패[13]는 각기 다른 법률제도를 갖고 있었는데도 모두 패업을 달성하였습니다. 지혜로운 사람이 법을 만들면 어리석은 사람들은 그것에 의해 통제를 당하고, 현명한 사람이 예법을 바꾸면 보통 사람들은 그것에 의해 구속을 받습니다. 예법에 구속받는 사람들과는 큰 일을 얘기할 수 없으며, 법에 통제 당하는 사람들과는 변혁을 논의할 수 없습니다. 주군께선 머뭇거리실 필요가 없습니다."

公孫鞅曰: "子之所言, 世俗之言也. 夫常人安於故習, 學者溺於所聞.
공손앙왈: "자지소언, 세속지언야. 부상인안어고습, 학자익어소문.
此兩者所以居官而守法, 非所與論於法之外也. 三代不同禮而王, 五
차양자소이거관이수법, 비소여론어법지외야. 삼대부동례이왕, 오
霸不同法而霸. 故知者作法, 而愚者制焉; 賢者更禮, 而不肖者拘焉.
패부동법이패. 고지자작법, 이우자제언; 현자경례, 이불초자구언.
拘禮之人, 不足與言事; 制法之人, 不足與論變. 君無疑矣."
구례지인, 부족여언사; 제법지인, 부족여론변. 군무의의."

두지가 말했다. "신이 듣기에 백 배의 이익을 올릴 수 없으면 변법하지 않고, 열 배의 효과를 볼 수 없으면 기구를 바꾸지 않는다고 합니다. 옛것을 본받으면 잘못이 없고, 옛 예법을 따르면 그릇되지 않는다고 신은 들었습니다. 주군께서 잘 생각하셔야 합니다."

杜摯曰: "臣聞之, 利不百, 不變法; 功不十, 不易器. 臣聞法古無過, 循

두지왈: "신문지, 이불백, 불변법; 공불십, 불역기. 신문법고무과, 순

禮無邪. 君其圖之."

례무사. 군기도지."

상앙이 말했다. "옛날엔 각자 다른 방법으로 교화를 했는데, 도대체 어느 시대를 본받아야 한단 말입니까? 옛 제왕들이 다시 나타날 수도 없는데, 도대체 어떤 예법을 따라야 한단 말입니까? 복희씨와 신농씨는 교화만 하되 징벌은 하지 않았으며, 황제와 요·순은 징벌은 했으나 냉혹하지는 않았습니다.[14)]

주나라 문왕·무왕 대에 이르러서도 각자 시대상황에 합당한 법을 제정하였으며, 사정에 맞추어 예법을 만들었습니다. 예법제도는 시대상황에 맞추어 결정해야 합니다. 법제와 명령은 제각기 시대의 필요에 따라야 합니다. 병장기와 갑옷, 군사설비 또한 각기 그 특수한 기능에 맞추어 만들어야

합니다. 그래서 신은 '세상을 다스리는 데 한 가지 길만 있는 것이 아니며, 국가에 유리하다면 옛것을 본받을 필요가 없다'고 말하는 것입니다. 은나라의 탕왕과 주나라의 무왕이 천하를 얻어 왕업을 이룬 것은 옛것을 본받아 된 것이 아닙니다. 은의 주왕과 하의 걸왕이 멸망한 것도 예법을 바꾸었기 때문이 아닙니다. 이렇게 볼 때 옛것과 반대된다고 해서 반드시 잘못이라고 할 수 없으며, 옛 예법을 따른다고 꼭 옳은 것은 아닙니다. 주군께선 머뭇거리실 필요가 없습니다."

公孫鞅曰: "前世不同教, 何古之法? 帝王不相復, 何禮之循? 伏羲神

공손앙왈: "전세불동교, 하고지법? 제왕불상복, 하례지순? 복희신

農, 教而不誅; 黃帝堯舜, 誅而不怒. 及至文武, 各當時而立法, 因事而

농, 교이불주; 황제요순, 주이불노. 급지문무, 각당시이입법, 인사이

制禮. 禮法以時而定, 制令各順其宜, 兵甲器備各便其用. 臣故曰: '治

제례. 예법이시이정, 제령각순기의, 병갑기비각편기용. 신고왈: '치

世不一道, 便國不必法古.' 湯武之王也, 不脩古而興; 殷夏之滅也, 不

세불일도, 편국불필법고.' 탕무지왕야, 불수고이흥; 은하지멸야, 불

易禮而亡. 然則反古者未必可非, 循禮者未足多是也. 君無疑矣."

역례이망. 연즉반고자미필가비, 순례자미족다시야. 군무의의."

효공이 말했다. "좋습니다. 과인은 가난한 뒷골목에 괴이한 일이 많고, 학문을 왜곡하는 사람들이 말이 많다고 들었습

니다. 어리석은 사람들이 즐겁다고 여기는 일이 지혜로운 사람에겐 슬픔일 수 있습니다. 미친 사람의 쾌락이 현자에겐 근심일 수 있지요. 세상 사람들의 비난이 두려워 속박을 받는 경우가 많은데, 과인은 이제 다시는 머뭇거리지 않을 생각이오."

孝公曰: "善. 吾聞窮巷多恡, 曲學多辨. 愚者笑之, 智者哀焉; 狂夫之

효공왈: "선. 오문궁항다린, 곡학다변. 우자소지, 지자애언; 광부지

樂, 賢者喪焉. 拘世以議, 寡人不之疑矣."

락, 현자상언. 구세이의, 과인불지의의."

그리하여 황무지를 개간하라는 명령이 내려졌다.

於是遂出墾草令.

어시수출간초령.

황무지를 개간하라

* 농업 외의 다른 일들은 엄한 법으로 다스려야 한다고 주장하는 상 앙 본인의 작품.

　업무를 밤을 넘겨 쌓아두지 못하도록 하면 탐관오리가 백성들로부터 사적인 이익을 얻을 수 없게 되고, 모든 관리들이 공무처리를 연기하지 않을 것이다. 모든 관리들이 공무처리를 연기하지 않으면 농민들은 더 많은 시간을 농사짓는 데 쓸수 있을 것이다. 탐관오리가 백성들로부터 사적인 이익을 얻을 수 없게 되면 농민들은 손실을 입지 않게 된다. 농민들이 손실을 입지 않게 되고 더 많은 시간을 농사짓는 데 쓸 수 있으면 황무지는 반드시 개간된다.

無宿治, 則邪官不及爲私利於民, 而百官之情不相稽. 百官之情不相稽,

무숙치, 즉사관불급위사리어민, 이백관지정불상계. 백관지정불상계,

則農有餘日. 邪官不及爲私利於民, 則農不敝. 農不敝而有餘日, 則草

즉농유여일. 사관불급위사리어민, 즉농불폐. 농불폐이유여일, 즉초

必墾矣.

필간의.

곡식 생산량에 맞추어 세금을 매기면 군주의 조세제도가 통일되므로 백성들의 생활이 안정될 것이다. 군주의 조세제도가 통일되면 백성들의 신뢰가 쌓인다. 백성들의 신뢰가 쌓이면 관리들이 감히 탐욕을 부리지 못하게 된다. 백성들의 생활이 안정되면 모든 일에 신중해지고, 모든 일에 신중해지면 쉽게 변란이 일어나지 않는다. 군주가 신뢰를 받아 관리들이 감히 탐욕을 부리지 못하고, 백성들이 신중해져 변란이 일어나지 않게 되면 백성들은 아래서 군주의 결정을 비난하지 않게 되고, 가운데서 관리들 때문에 걱정하지 않게 된다. 아래서 군주의 결정을 비난하지 않고 가운데서 관리들 때문에 걱정하지 않게 되면, 장년의 백성들은 열심히 농사를 짓고 생업을 바꾸지 않는다. 장년의 백성들이 열심히 농사를 짓고 생업을 바꾸지 않으면 젊은이들이 쉬지 않고 농경을 학습하게 될 것이다. 젊은이들이 쉬지 않고 농경을 학습하게 되면

황무지는 반드시 개간된다.

訾粟而稅, 則上壹而民平. 上壹則信, 信則官不敢爲邪. 民平則愼, 愼

자속이세, 즉상일이민평. 상일즉신, 신즉관불감위사. 민평즉신, 신

則難變. 上信而官不敢爲邪, 民愼而難變, 則下不非上, 中不苦官. 下

즉난변. 상신이관불감위사, 민신이난변, 즉하불비상, 중불고관. 하

不非上, 中不苦官, 則壯民疾農不變. 壯民疾農不變, 則少民學之不休.

불비상, 중불고관, 즉장민질농불변. 장민질농불변, 즉소민학지불휴.

少民學之不休, 則草必墾矣.

소민학지불휴, 즉초필간의.

외국 세력의 지지에 따라 작위와 관직을 주지 않으면 백성들이 학문을 중시하지 않을 뿐만 아니라 농사를 경시하지도 않게 된다. 백성들이 학문을 중시하지 않으면 어리석어지고, 어리석어지면 외국 세력과 교류하지 않게 되고, 외국 세력과 교류하지 않게 되면 온 힘을 농사에 기울이고 게으름 피우지 않게 된다. 백성들이 농사를 경시하지 않으면 국가가 안정되고 위험에 빠지지 않게 된다. 국가가 안정되고 위험에 빠지지 않으며 온 힘을 농사에 기울이고, 게으름 피우지 않게 되면 황무지는 반드시 개간된다.

無以外權任爵與官, 則民不貴學問, 又不賤農. 民不貴學則愚, 愚則無

무이외권임작여관, 즉민불귀학문, 우불천농. 민불귀학즉우, 우즉무

外交, 無外交則勉農而不偸. 民不賤農, 則國安不殆. 國安不殆, 勉農而

외교, 무외교즉면농이불투. 민불천농, 즉국안불태. 국안불태, 면농이

不偸, 則草必墾矣.

불투, 즉초필간의.

   귀족들은 녹봉이 두텁고 봉지에서의 세금 수입이 많으며 무위도식하는 식구들을 많이 거느리고 있어 농업생산을 망가뜨린다. 무위도식하는 식구들의 숫자에 맞추어 세금을 부과하고 힘든 노역을 시키면 사악하고 방탕한 게으른 놈팡이들이 더 이상 어디서 먹을 것을 구할 수 없게 될 것이다. 더 이상 어디서 먹을 것을 구할 수 없게 되면 반드시 농사를 짓게 된다. 이들이 농사를 짓게 되면 황무지는 반드시 개간된다.

祿厚而稅多, 食口衆者, 敗農者也; 則以其食口之數, 賦而重使之, 則辟

녹후이세다, 식구중자, 패농자야; 즉이기식구지수, 부이중사지, 즉벽

淫游惰之民無所於食. 無所於食則必農, 農則草必墾矣.

음유타지민무소어식. 무소어식즉필농, 농즉초필간의.

   상인들에게 곡식을 사들이지 못하게 하고, 농민들에게 곡식을 내다 팔지 못하도록 해야 한다. 농민들에게 곡식을 내다 팔지 못하도록 하면 게으른 농민은 먹기 위해서 열심히 일하게 될 것이다. 상인들에게 곡식을 사들이지 못하게 하면

풍년이 들어도 특별히 즐겁지 않을 것이다. 풍년이 들어도 특별히 즐겁지 않으면 흉년이 들 때 그것을 팔아서 큰 이익을 남길 수 없게 된다. 큰 이익을 남길 수 없게 되면 상인들은 장사가 무서워질 것이고, 장사가 무서워지면 농사를 짓고 싶어진다. 게으른 농민들이 열심히 농사를 짓게 되고, 상인들이 농사를 짓고 싶어지면 황무지는 반드시 개간된다.

使商無得糶, 農無得糶. 農無得糶, 則窳惰之農勉疾. 商無得糶, 則多

사상무득적, 농무득조. 농무득조, 즉유타지농면질. 상무득적, 즉다

歲不加樂; 多歲不加樂, 則饑歲無裕利; 無裕利則商怯, 商怯則欲農.

세불가락; 다세불가락, 즉기세무유리; 무유리즉상겁, 상겁즉욕농.

窳惰之農勉疾, 商欲農, 則草必墾矣.

유타지농면질, 상욕농, 즉초필간의.

　좋은 음악과 미색, 화려한 복장과 놀이 등이 각 현에 유통되지 못하도록 하면 백성들이 일할 때 그런 물건들을 생각하지 않게 되고, 쉴 때도 그런 데 관심을 두지 않게 된다. 쉴 때도 그런 데 관심을 두지 않으면 심기가 어지러워지지 않게 되고, 일할 때 그런 물건들을 생각하지 않으면 의지가 반드시 통일될 것이다. 의지가 통일되고 심기가 어지러워지지 않게 되면 황무지는 반드시 개간된다.

聲服無通於百縣, 則民行作不顧, 休居不聽. 休居不聽, 則氣不淫; 行作

성복무통어백현, 즉민행작불고, 휴거불청. 휴거불청, 즉기불음; 행작

不顧, 則意必壹. 意壹而氣不淫, 則草必墾矣.

불고, 즉의필일. 의일이기불음, 즉초필간의.

　　노무자들을 많이 모아 쓰지 못하도록 하면 대부(大夫)의 영지 내에 큰 공사가 없게 될 것이다. 사랑하는 자식에게 무위도식하지 못하도록 하고 나태한 백성들에게 더 이상 게으름 피우거나 노무자 생활을 하지 못하게 하면[15] 백성들이 먹을 것을 구할 곳이 없게 되어 반드시 농업에 종사하게 된다. 대부의 영지 내에 큰 공사가 없으면 농사일 하는 데 타격을 입지 않게 되고, 사랑하는 자식이나 나태한 백성들이 더 이상 게으름 피우지 않게 되면 기존의 농토가 황무지로 바뀌는 일이 없을 것이다. 농사일을 하는 데 타격을 입지 않고 농민들이 더욱 열심히 경작한다면 황무지는 반드시 개간된다.

無得取庸, 則大夫家長不建繕. 愛子不惰食, 惰民不竊而庸, 民無所於

무득취용, 즉대부가장불건선. 애자불타식, 타민불유이용, 민무소어

食, 是必農. 大夫家長不建繕, 則農事不傷. 愛子不惰食, 惰民不竊, 則

식, 시필농. 대부가장불건선, 즉농사불상. 애자불타식, 타민불유, 즉

故田不荒. 農事不傷, 農民益農, 則草必墾矣.

고전불황. 농사불상, 농민익농, 즉초필간의.

여행객들의 숙소를 없애버리면 간특하고 교활하게 외국을 넘나들며 농사를 방해하는 사람들이 나다닐 수 없을 것이다. 외국을 넘나드는 여행객들이 먹을 것을 구할 곳이 없게 되면 반드시 농사를 짓게 될 것이다. 이들이 농사를 지으면 황무지는 반드시 개간된다.

廢逆旅, 則姦僞躁心私交疑農之民不行. 逆旅之民無所於食, 則必農,
폐역려, 즉간위조심사교의농지민불행. 역려지민무소어식, 즉필농,
農則草必墾矣.
농즉초필간의.

모든 산과 물을 국유화하여 백성들이 마음대로 드나들지 못하게 하면 농사를 싫어하고 게으른 욕심 많은 백성들이 먹을 것을 구할 곳이 없게 될 것이다. 먹을 것을 구할 곳이 없어지면 반드시 농사를 짓게 된다. 이들이 농사를 지으면 황무지는 반드시 개간된다.

壹山澤, 則惡農慢惰倍欲之民無所於食; 無所於食則必農, 農則草必
일산택, 즉오농만타배욕지민무소어식; 무소어식즉필농, 농즉초필
墾矣.
간의.

술과 고기값을 비싸게 하고 그것들에 대한 세금을 원가보

다 열 배 정도 무겁게 매기도록 한다. 그러면 술 장사들이 줄
어들 것이다. 백성들은 술 마시고 불콰한 얼굴로 놀아날 수
없을 것이고, 대신들도 술독에 빠져 지낼 수 없을 것이다. 술
장사가 줄어들면 국가에선 곡식을 낭비하지 않게 된다. 백성
들이 술 마시고 불콰한 얼굴로 놀아날 수 없게 되면 농사에
태만하지 않을 것이고, 대신들이 술독에 빠져 지내는 일이 없
으면 국가 대사가 지연되지 않을 것이다. 자연히 군주는 잘
못된 조치를 취할 수 없게 된다. 국가적으로 곡식 낭비가 없
고 백성들이 농사에 태만하지 않게 되면 황무지는 반드시 개
간된다.

> 貴酒肉之價, 重其租, 令十倍其樸. 然則商酤少, 民不能喜酣奭, 大臣
> 귀주육지가, 중기조, 영십배기박. 연즉상고소, 민불능희감석, 대신
> 不爲荒飽. 商酤少, 則上不費粟; 民不能喜酣奭, 則農不慢; 大臣不荒
> 불위황포. 상고소, 즉상불비속; 민불능희감석, 즉농불만; 대신불황
> 飽, 則國事不稽, 主無過擧. 上不費粟, 民不慢農, 則草必墾矣.
> 포, 즉국사불계, 주무과거. 상불비속, 민불만농, 즉초필간의.

 엄중한 형벌과 연좌제를 시행하면 속 좁고 성질 급한 사람
들이 더 이상 싸우지 못하게 되고, 사납고 성질 괴팍한 사람
들이 더 이상 소송을 못하게 되고, 게으르고 나태한 사람들이
더 이상 놀고 먹지 못하게 되고, 낭비벽이 심한 사람들이 더

이상 재화낭비를 못하게 되고, 아첨을 일삼는 마음이 곱지 못한 사람들이 더 이상 변통을 부리지 못하게 될 것이다. 이 다섯 종류의 백성들이 더 이상 경내에 나타나지 않으면 황무지는 반드시 개간된다.

重刑而連其罪, 則褊急之民不鬪, 很剛之民不訟, 怠惰之民不游, 費資

중형이연기죄, 즉편급지민불투, 흔강지민불송, 태타지민불유, 비자

之民不作, 巧諛惡心之民無變也. 五民者不生於境內, 則草必墾矣.

지민부작, 교유악심지민무변야. 오민자불생어경내, 즉초필간의.

백성들에게 마음대로 이사를 다니지 못하게 하면 우매하여 농사를 교란시키는 사람들이 더 이상 먹을 것을 구할 곳이 없게 되어 반드시 농사를 지을 것이다. 어리석고 조급한 욕심쟁이들이 농사에 한 뜻으로 참여한다면 일반 농민들은 조용히 생업에 종사하게 될 것이다. 일반 농민들이 조용히 생업에 종사하고, 우매하여 농사를 교란시키는 사람들이 농사를 짓게 되면 황무지는 반드시 개간된다.

使民無得遷徙, 則誅愚亂農之民無所於食而必農. 愚心躁欲之民壹意,

사민무득천사, 즉주우란농지민무소어식이필농. 우심조욕지민일의,

則農民必靜. 農靜, 誅愚亂農之民欲農, 則草必墾矣.

즉농민필정. 농정, 주우란농지민욕농, 즉초필간의.

성곽·도로건설 등 노동력을 관장하는 관원은 적장자를 제외한 고위공직자의 모든 자제들에게 세대별로 순서에 맞추어 요역(徭役)에 참여하도록 명령을 내린다. 그리고 그들에게 정해진 직무와 녹봉을 받도록 엄격히 관리하고 어떤 이유로도 요역을 피할 수 없도록 한다. 고관대작이기 때문에 반드시 무엇을 얻을 수 있다는 생각이 없어지면 적장자 외의 모든 자제들은 떠돌면서 타인을 섬기는 일이 없어질 것이다. 적장자 외의 모든 자제들이 떠돌면서 타인을 섬기는 일이 없어지면 반드시 농사를 짓게 될 것이다. 그들이 농사를 지으면 황무지는 반드시 개간된다.

> 均出餘子之使令, 以世使之, 又高其解舍, 令有甬, 官食櫱, 不可以辟
>
> 균출여자지사령, 이세사지, 우고기해사, 영유용, 관식개, 불가이벽
>
> 役. 而大官未可必得也, 則餘子不游事人. 餘子不游事人, 則必農, 農則
>
> 역. 이대관미가필득야, 즉여자불유사인. 여자불유사인, 즉필농, 농즉
>
> 草必墾矣.
>
> 초필간의.

국가의 대신이나 대부들로 하여금 견문을 넓히거나 지혜를 증진시키거나 집을 떠나 여행하는 따위의 일을 일절 하지 못하도록 해야 한다. 이들이 전국 방방곡곡을 다니면서 여행하지 못하게 되면 농민들은 세상의 온갖 변화나 도술 등을 얻

어들을 곳이 없게 될 것이다. 농민들이 세상의 온갖 변화나 도술 등을 얻어들을 곳이 없으면 영리한 농민은 자신이 계속 해왔던 농사일을 떠나지 않을 것이고, 어리석은 농민은 아는 것이 없어 학문을 좋아하지 않을 것이다. 어리석은 농민은 아는 것이 없고 학문을 좋아하지 않으니 온 힘을 다해 농사를 짓고, 영리한 농민은 자신이 계속 해왔던 농사일을 떠나지 않으므로 그렇게 되면 황무지는 반드시 개간된다.

國之大臣諸大夫, 博聞辨慧游居之事, 皆無得爲; 無得居游於百縣, 則
국지대신제대부, 박문변혜유거지사, 개무득위; 무득거유어백현, 즉
農民無所聞變見方. 農民無所聞變見方, 則知農無從離其故事, 而愚
농민무소문변견방. 농민무소문변견방, 즉지농무종이기고사, 이우
農不知, 不好學. 愚農不知, 不好學問, 則務疾農. 知農不離其故事,
농부지, 불호학문. 우농부지, 불호학문, 즉무질농. 지농불리기고사,
則草必墾矣.
즉초필간의.

군부대 안의 시장에 여자가 있어선 안 되며, 그 안에서 장사하는 사람들이 병기와 갑옷을 전시작전 때와 마찬가지로 스스로 마련해야 한다. 또한 군부대 안의 시장에서 사적으로 식량이 수송되는 일이 없도록 하면 제아무리 간교한 수단을 동원하더라도 그것들을 감춰둘 곳이 없게 된다. 몰래 식량을

훔쳐 운반하더라도 사적으로 그것을 놓아둘 곳을 찾지 못하고, 경박하고 게으른 사람들이 군부대 안의 시장에 돌아다닐 수 없게 되면 식량을 도둑질하더라도 그것을 팔 곳이 없을 것이다. 식량이 사적으로 운송되는 일이 없고, 경박하고 게으른 사람들이 군부대 내 시장에 돌아다니지 못하게 되면 농민들 마음이 흔들리거나 국가의 곡물이 낭비되는 일이 없게 될 것이다. 그렇게 되면 황무지는 반드시 개간된다.

令軍市無有女子, 而命其商人自給甲兵, 使視軍興. 又使軍市無得私 영군시무유여자, 이명기상인자급갑병, 사시군흥. 우사군시무득사 輸糧者, 則姦謀無所於伏. 盜輸糧者不私稽, 輕惰之民不游軍市, 盜糧 수량자, 즉간모무소어복. 도수량자불사계, 경타지민불유군시, 도량 者無所售. 送糧者不私, 輕惰之民不游軍市, 則農民不淫, 國粟不勞, 자무소수. 송량자불사, 경타지민불유군시, 즉농민불음, 국속불로, 則草必墾矣. 즉초필간의.

모든 현을 통일된 방식으로 다스리면 못된 관리들의 겉치레가 없어지고, 후임 관료들이 감히 법제를 바꾸는 일이 없을 것이다. 잘못을 저질러 일을 망친 사람들은 제 행동을 더 이상 감출 수 없게 될 것이다. 잘못된 행동을 감추지 못하게 되면 사악한 관리가 나타나지 않을 것이다. 못된 관리들의 겉치례가 없어지고, 후임 관료들이 법제를 바꾸는 일이 없으면 공무원 수는 줄어들고 백성들은 힘들지 않아도 된다. 사악한 관리가 없으면 거만한 백성들도 없게 된다. 거만한 백성들이 없으면 농업이 파괴되지 않을 것이다. 공무원 수가 줄어들면 백성들 징발을 번거롭게 하지 않아도 되고, 백성들이 힘들지 않으면 더 많은 날을 농사에 전념할 수 있다. 더 많은 날을 농사짓고, 징발이 번거롭지 않고, 농업이 파괴되지 않으면 황무지는 반드시 개간된다.

百縣之治一形, 則迁者不飾, 代者不敢更其制, 過而廢者不能匿其擧.

백현지치일형, 즉우자불식, 대자불감경기제, 과이폐자불능익기거.

過擧不匿, 則官無邪人. 迁者不飾, 代者不更, 則官屬少而民不勞. 官

과거불익, 즉관무사인. 우자불식, 대자불경, 즉관속소이민불로. 관

無邪則民不敖, 民不敖則業不敗. 官屬少徵不煩, 民不勞則農多日. 農

무사즉민불오, 민부오즉업불패. 관속소징불번, 민불로즉농다일. 농

多日, 徵不煩, 業不敗, 則草必墾矣.

다일, 징불번, 업불패, 즉초필간의.

관문 시장의 세금을 무겁게 물리면 농민들은 장사를 싫어하게 되고, 상인들은 망설이며 장사에 소홀하게 될 것이다. 농민들이 장사를 싫어하고 상인들이 망설이며 장사에 소홀하면 황무지는 반드시 개간된다.

重關市之賦, 則農惡商, 商有疑惰之心. 農惡商, 商疑惰, 則草必墾矣.

중관시지부, 즉농오상, 상유의타지심. 농오상, 상의타, 즉초필간의.

상인으로 호적에 등재된 숫자에 맞추어 장사를 하도록 하되, 반드시 그 등기 숫자에 따라 말·수레 따위를 관리하는 천한 노역에 종사토록 명령한다. 그러면 농사짓는 일이 오히려 편안하고 장사하는 일은 힘들게 될 것이다. 농사짓는 일을 편안하게 생각하면 논밭에 잡초가 우거지지 않을 것이고, 장사하는 일이 힘들어지면 모든 현에서 거래나 배달 등의 일이 이루어지지 않게 될 것이다. 그러면 농민들은 굶주리지 않을 것이고 관리들은 겉치레 행위를 하지 않게 될 것이다. 농민들이 굶주리지 않고 관리들이 겉치레 행위를 하지 않으면 공적으로 업무가 신속해지고, 사적으로 논밭에 잡초가 우거지는 일이 없을 것이다. 그렇게 되면 농사는 마음먹은 대로 이루어진다. 농사가 마음먹은 대로 이루어지면 황무지는 반드시 개간된다.

田以商之口數使商, 令之廝輿徒重者必當名, 則農逸而商勞. 農逸則良

전이상지구수사상, 영지시여도중자필당명, 즉농일이상로. 농일즉양

不荒, 商勞則去來賚送之禮無通於百縣, 則農民不饑, 行不飾. 農民不

불황, 상로즉거래재송지례무통어백현, 즉농민불기, 행불식. 농민불

饑, 行不飾, 則公作必疾, 而私作不荒, 則農事必勝. 農事必勝, 則草必

기, 행불식, 즉공작필질, 이사작불황, 즉농사필승. 농사필승, 즉초필

墾矣.

간의.

식량을 수송하는 사람들에겐 운반비를 받을 수 없도록 한다. 돌아올 때도 사적인 물건을 실어오지 못하도록 한다. 수레나 우마차에 많은 물건을 실었을 경우 등기 명부에 따라 힘든 노역을 시킨다. 그렇게 하면 왕래가 신속해질 것이고 작업이 농사에 지장을 주지 않을 것이다. 운반작업이 농사에 지장을 주지 않으면 황무지는 반드시 개간된다.

令送糧無得取僦, 無得反庸, 車牛輿重設必當名. 然則往速徠疾, 則業

영송량무득취추, 무득반용, 거우여중설필당명. 연즉왕속래질, 즉업

不敗農. 業不敗農, 則草必墾矣.

불패농. 업불패농, 즉초필간의.

죄인들을 위해 관리에게 청원을 넣거나 음식물을 공급해주는 일을 못하도록 한다. 그러면 간악한 사람들이 지지를 받지 못할 것이다. 간악한 사람들이 지지를 받지 못하면 간악한 행위에 힘쓰지 않게 될 것이다. 간악한 행위를 하지 않으면 간악한 백성들이 기댈 곳이 없다. 간악한 백성들이 기

댈 곳이 없으면 농민들은 손해를 입지 않게 된다. 농민들이
손해를 입지 않게 되면 황무지는 반드시 개간된다.

無得爲罪人請於吏而饢食之, 則姦民無主. 姦民無主, 則爲姦不勉. 爲
姦不勉, 則姦民無樸. 姦民無樸, 則農民不敗. 農民不敗, 則草必墾矣.

무득위죄인청어리이양식지, 즉간민무주. 간민무주, 즉위간불면. 위
간불면, 즉간민무박. 간민무박, 즉농민불패. 농민불패, 즉초필간의.

농전(農戰) 제3편

농사와 전쟁

* 모든 국민들을 농경과 전투에 참여하도록 독려하는 상앙 후예의
작품.

군주가 백성들을 권장하는 데 이용해야 할 바는 관직과 작
위이다. 국가가 번영하는 데 의지해야 할 바는 농사와 전쟁이
다. 요즘 백성들은 관작을 구하면서 누구도 농전에 의지하지
않고 교묘한 말이나 허황된 도리에 의지하고 있다. 이는 백성
들을 나태하게 만드는 짓이다. 백성들을 나태하게 만드는 나
라는 반드시 가난해진다. 가난한 나라는 반드시 약해진다.

凡人主之所以勸民者, 官爵也; 國之所以興者, 農戰也. 今民求官爵,

범인주지소이권민자, 관작야; 국지소이흥자, 농전야. 금민구관작,

皆不以農戰, 而以巧言虛道, 此謂勞民. 勞民者, 其國必無力. 無力者,

개불이농전, 이이교언허도, 차위로민. 로민자, 기국필무력. 무력자,

其國必削.

기국필삭.

　나라를 잘 다스리는 사람은 백성들에게 모든 관작은 오직 한 길을 통해서만 얻을 수 있다고 가르친다. 농전에 의지하지 않고는 그 어떤 관작도 얻지 못하게 한다. 국내의 허황된 말들을 모두 없애버리면 백성들이 순박해진다. 백성들이 순박하면 음란에 빠지지 않는다. 군주가 내려주는 이익이 오직 한 길을 통해서만 나온다는 것을 백성들이 알게 되면 그 한 가지 일만 할 것이다. 한 가지 일, 즉 농전에만 종사하면 백성들은 안일을 탐내지 않게 된다. 백성들이 안일과 음란을 탐내지 않게 되면 힘이 증강된다. 힘이 증강되면 그 국가는 강해진다.

　그런데 요즘 경내의 백성들은 모두가 "농사와 전쟁은 피할 수 있는 것이며, 관직과 작위는 얻을 수 있는 것이다"라고 말한다. 그래서 호걸들은 한결같이 제 직업을 바꿀 수 있는 것으로 보며 열심히 『시경』·『서경』을 익히고 외국 세력과 결탁을 일삼는다. 잘되면 크게 영달하게 되고, 못 되더라도 관작을 얻을 수 있다. 일반 백성들은 장사를 최고로 여기고 기예에 종사하여 모두가 농전을 피하려든다. 이런 상황이 되

면 그 나라는 위태로워진다. 백성들이 이런 식으로 서로서로 권장한다면 그 나라는 반드시 약해진다.

善爲國者, 其敎民也, 皆從壹空而得官爵. 是故不以農戰, 則無官爵.

선위국자, 기교민야, 개종일공이득관작. 시고불이농전, 즉무관작.

國去言則民樸, 民樸則不淫. 民見上利之從壹空出也, 則作壹, 作壹則

국거언즉민박, 민박즉불음. 민견상리지종일공출야, 즉작일, 작일즉

民不偸. 民不偸淫則多力, 多力則國彊. 今境內之民, 皆曰: "農戰可避,

민불투. 민불투음즉다력, 다력즉국강. 금경내지민, 개왈: "농전가피,

而官爵可得也." 是故豪傑皆可變業, 務學詩書, 隨從外權, 上可以得

이관작가득야." 시고호걸개가변업, 무학시서, 수종외권, 상가이득

顯, 下可以得官爵; 要靡事商賈, 爲技藝; 皆以避農戰. 具備, 國之危也.

현, 하가이득관작; 요미사상고, 위기예; 개이피농전. 구비, 국지위야.

民以此爲敎者, 其國必削.

민이차위교자, 기국필삭.

나라를 잘 다스리는 사람은 창고가 가득 차도 농사일에 소홀하지 않는다. 국토가 넓고 인구가 많아도 허황된 말에 빠지지 않는다. 그러면 백성들이 순박하게 오직 농전에만 전념한다. 백성들이 순박하게 오직 농전에만 전념하면 교묘한 언변으로 관직과 작위를 얻을 수 없게 된다. 교묘한 언변으로 관작을 얻을 수 없게 되면 간사한 주장들이 생겨나지 않게 된

다. 간사한 주장들이 생겨나지 않으면 군주는 현혹 당할 일이 없다.

오늘날 경내의 백성들과 관작을 누리고 있는 사람들은 조정에서 교묘한 말이나 변론으로 관작을 얻을 수 있다는 사실을 알게 되었다. 정상적인 방법으로 관작을 얻을 수 없다고 생각하기 때문에 조정에 나아가면 군주를 왜곡시키려 들고, 집으로 물러나오면 어떻게 사적인 이익을 채울 것인가를 고민한다. 그렇게 되면 아랫사람이 권력을 농락하게 된다. 신하들이 군주를 왜곡시키고 사적 이익을 고민하는 것은 국가적으로 이롭지 못하다. 그럼에도 불구하고 그런 일을 거듭하는 것은 자신들의 작위와 봉록 때문이다.

아랫사람으로서 권력을 농락하는 것은 충신의 할 일이 아니다. 그럼에도 불구하고 그런 일을 거듭하는 것은 재물 때문이다. 승진을 바라는 하급관리들은 한결같이 "재물만 많으면 높은 관직은 원하는 대로 얻을 수 있다"고 말한다. 이런 얘기도 한다. "윗사람에게 재물을 바치지 않고 승진을 바라는 것은 고양이를 미끼로 쥐를 유인하는 것처럼 아무런 희망이 없다. 윗사람을 성실하게 섬김으로써 승진을 바라는 것은 다 끊어진 먹줄로 굽은 나무를 바로잡으려는 것처럼 더더욱 아무 희망이 없다. 이 두 가지 방법으로는 도저히 승진할 수가 없다. 그러니 내가 어떻게 온갖 인맥을 다 동원하여 재물을 모으지 않을 수 있겠으며, 윗사람에게 재물을 바치지 않고 승진을 바라겠는가!"

백성들 사이엔 이런 말도 오가고 있다. "내 열심히 농사를 짓는 것은 먼저 국고를 튼튼히 해주고 남은 것을 거두어 부모를 봉양하기 위한 것이다. 임금님을 위해 목숨을 내걸고 전투에 참여한 것은 군주를 존중하고 나라를 안정시키기 위한 것이다. 그런데도 국고는 텅 비고 군주의 국제적 지위는 낮으며 집안은 가난하다. 차라리 수단을 써서 관직을 구하느니만 못하구나!" 친척·친구들끼리 그런 쪽으로 서로 뜻이 맞아 마침내 처음 생각을 바꾸어버렸다. 그래서 호걸들은 열심히 『시경』·『서경』을 익히고 외국 세력과 결탁을 일삼고, 일반 백성들은 장사를 최고로 여기고 기예에 종사하며 모두가 농전을 피하려 든다. 백성들이 이런 식으로 서로서로 권장한다면 식량생산이 어찌 줄어들지 않을 수 있겠으며, 군대가 어찌 약해지지 않을 수 있겠는가!

善爲國者, 倉廩雖滿, 不偸於農; 國大民衆, 不淫於言, 則民樸一. 民樸
선위국자, 창름수만, 불투어농; 국대민중, 불음어언, 즉민박일. 민박

一, 則官爵不可巧而取也. 不可巧取, 則姦不生. 姦不生則主不惑. 今
일, 즉관작불가교이취야. 불가교취, 즉간불생. 간불생즉주불혹. 금

境內之民及處官爵者, 見朝廷之可以巧言辯說取官爵也, 故官爵不可
경내지민급처관작자, 견조정지가이교언변설취관작야, 고관작불가

得而常也. 是故進則曲主, 退則慮所以實其私, 然則下賣權矣. 夫曲主

득이상야. 시고진즉곡주, 퇴즉려소이실기사, 연즉하매권의. 부곡주

慮私, 非國利也, 而爲之者, 以其爵祿也. 下賣權, 非忠臣也, 而爲之者,

려사, 비국리야, 이위지자, 이기작록야. 하매권, 비충신야, 이위지자,

以未貨也. 然則下官之冀遷者, 皆曰: "多貨則上官可得而欲也."曰:

이말화야. 연즉하관지기천자, 개왈: "다화즉상관가득이욕야." 왈:

"我不以貨事上而求遷者, 則如以狸餌鼠爾, 必不冀矣. 若以情事上而

"아불이화사상이구천자, 즉여이리리서이, 필불기의. 약이정사상이

求遷者, 則如引諸絶繩而求乘枉木也, 愈不冀矣. 之二者不可以得遷,

구천자, 즉여인제절승이구승왕목야, 유불기의. 지이자불가이득천,

則我焉得無下動衆取貨以事上, 而以求遷乎!"百姓曰: "我疾農, 先實

즉아언득무하동중취화이사상, 이이구천호!" 백성왈: "아질농, 선실

公倉, 收餘以事親, 爲上忘生而戰, 以尊主安國也; 倉虛, 主卑, 家貧,

공창, 수여이사친, 위상망생이전, 이존주안국야; 창허, 주비, 가빈,

然則不如索官!"親戚交游合, 則更慮矣. 豪傑務學詩書, 隨從外權; 要

연즉불여색관!" 친척교유합, 즉갱려의. 호걸무학시서, 수종외권; 요

靡事商賈; 爲技藝; 皆以避農戰. 民以此爲敎, 則粟焉得無少, 而兵焉

미사상고, 위기예; 개이피농전. 민이차위교, 즉속언득무소, 이병언

得無弱也!

득무약야!

나라를 잘 다스리는 사람은 관청에 분명하게 법을 정해두고 있으므로 개인적으로 지혜로운 사람을 임용하는 일은 없다. 군주의 정책이 오직 하나로 통일되어 있어서 백성들은 안일과 음란을 탐내지 않는다. 그러면 국력을 집중시킬 수 있다. 국력을 집중시키는 나라는 강해지고 교묘한 언변을 좋아하는 나라는 약해진다. 그래서 이런 말이 있다. 농사와 전쟁에 열심히 참여하는 백성이 천 명이고 『시경』이나 『서경』 혹은 말에 능한 사람이 한 명 있다면, 천 명이 모두 농전에 태만하게 된다. 농사와 전쟁에 열심히 참여하는 백성이 백 명이고 재주에 능한 예능인이 한 명 있다면, 백 명이 모두 농전에 태만하게 된다. 백성들이 모두 농전에 종사하게 되었을 때 그 나라는 안정되며, 백성들이 모두 농전에 종사하게 되었을 때 군주는 존경을 받게 된다.

　　백성들이 농전에 전념하지 않는 까닭은 위에서 군주가 교묘한 말을 좋아하고 정상적인 궤도를 벗어나 관직을 수여하기 때문이다. 정상적인 궤도를 밟고 관직이 수여될 때 그 나라는 잘 다스려진다. 백성들이 오직 한 가지 임무, 즉 농전에 전념할 때 그 나라는 부유해진다. 국가가 부유하고 잘 다스려지는 것이야말로 제왕이 가야할 길이다. 제왕이 가야 할 바른 길이란 개인적인 지혜 따위를 멀리하고 오직 농전에 전념하는 것이다.

善爲國者, 官法明, 故不任知慮; 上作壹, 故民不偸淫, 則國力摶. 國力

선위국자, 관법명, 고불임지려; 상작일, 고민불투음, 즉국력단. 국력

摶者彊, 國好言談者削. 故曰: 農戰之民千人, 而有詩書辯慧者一人, 千

단자강, 국호언담자삭. 고왈: 농전지민천인, 이유시서변혜자일인, 천

人者皆怠於農戰矣. 農戰之民百人, 而有技藝者一人焉, 百人者皆怠於

인자개태어농전의. 농전지민백인, 이유기예자일인언, 백인자개태어

農戰矣. 國待農戰而安, 主待農戰而尊. 夫民之不農戰也, 上好言而官

농전의. 국대농전이안, 주대농전이존. 부민지불농전야, 상호언이관

失常也. 常官則國治, 壹務則國富, 國富而治, 王之道也. 故曰: 王道作,

실상야. 상관즉국치, 일무즉국부, 국부이치, 왕지도야. 고왈: 왕도작,

外身作壹而已矣.

외신작일이이의.

  오늘날 군주는 개인적인 재능이나 지혜에 따라 사람을 임
용하고 있다. 그러므로 지혜로운 사람들이 군주가 좋아하고
싫어하는 것이 무엇인지 눈치를 잘 살펴 관직에 임용되고 그
렇게 일을 처리함으로써 군주의 환심을 사려고 든다. 정상적
인 궤도에 따르지 않고 관직에 임용되고 있다. 국가는 혼란
스럽고 하나로 통일된 제도가 없으며 교묘한 변설을 일삼는
무리들이 무법천지로 날뛰고 있다. 이와 같으니 백성들이 해
야 할 일들이 어찌 많아지지 않을 수 있겠으며, 토지가 어떻

게 황무지가 안 될 수 있겠는가? 시·서·예·악·선·수양·인의·염치·변론·지혜, 이 열 가지가 나라 안에 있으면 군주는 백성들에게 전투를 시킬 방법이 없다.

이 열 가지로 국가를 다스릴 경우 적이 오면 반드시 당할 것이고, 오지 않아도 필경 가난해질 것이다. 나라에서 이 열 가지를 없애면 적이 감히 침입해오지 못할 뿐더러 온다 하더라도 반드시 퇴각하게 될 것이다. 군대를 일으켜 정벌에 나서면 반드시 땅을 얻을 것이고, 군대를 멈추고 정벌에 나서지 않으면 반드시 부유해질 것이다. 국가가 온 힘을 모아 농전에 집중하면 그 나라는 공격하기 어려울 것이다. 공격하기 어려운 나라는 반드시 흥성한다. 교묘한 변설을 좋아하는 나라는 쉽게 공격당한다. 쉽게 공격당하는 나라는 반드시 위태로워진다.

今上論材能知慧而任之, 則知慧之人希主好惡使官制物, 以適主心. 是
금상론재능지혜이임지, 즉지혜지인희주호오사관제물, 이적주심. 시
以官無常, 國亂而不壹, 辯說之人而無法也. 如此, 則民務焉得無多,
이관무상, 국란이불일, 변설지인이무법야. 여차, 즉민무언득무다,
而地焉得無荒? 詩·書·禮·樂·善·修·仁·廉·辯·慧, 國有十
이지언득무황? 시·서·예·악·선·수·인·렴·변·혜, 국유십
者, 上無使戰守. 國以十者治, 敵至必削, 不至必貧. 國去此十者, 敵不
자, 상무사전수. 국이십자치, 적지필삭, 불지필빈. 국거차십자, 적불

敢至; 雖至, 必却. 興兵而伐, 必取; 按兵不伐, 必富. 國好力者以難攻,

감지; 수지, 필각. 흥병이벌, 필취; 안병불벌, 필부. 국호력자이난공,

以難攻者必興; 好辯者以易攻, 以易攻者必危.

이난공자필흥; 호변자이이공, 이이공자필위.

위대한 군주는 세상 만물의 모든 것을 다 알고 있는 것이 아니라 세상 만물의 핵심을 장악하고 있다. 그래서 그들이 나라를 다스릴 때는 그저 핵심을 분명히 살필 따름이다. 그런데 요즘 나라를 다스리는 사람들은 대부분 그 핵심을 장악하지 못하고 있다. 조정에서 정치에 관해 얘기할 때면 의견이 분분하여 서로 다른 길만 찾으려 한다. 군주가 여러 가지 학설에 현혹되어 오락가락 하고, 관리들이 각종 여론에 밀려 소란하면 백성들은 나태해져 더 이상 농사에 전념하지 않게 된다. 경내의 백성들은 모두가 그 영향을 받아 변론을 좋아하고 지식추구를 낙으로 삼게 될 것이며, 장사를 하거나 기예에 종사하면서 농전을 피하게 될 것이다. 그렇게 되는 나라는 망할 날이 멀지 않다. 나라에 사고가 생겨도 지식인들은 법령을 물고늘어지며, 상인들은 임기응변으로 자신의 이익만 쫓고, 예능인들은 자신의 국가를 위해 일하지 않게 되므로 그런 나라는 적의 공격에 쉽게 무너지고 만다. 농사짓는 사람은 적고 놀고 먹는 사람이 많으면 그 나라는 가난하고 위태롭다. 마

디·배추벌레·콩잎벌레 등은 봄에 생겨 가을에 죽는데도 한 번 나타났다 하면 백성들을 수년 동안이나 식량 부족에 허덕이게 만든다. 이제 한 사람이 농사를 짓고 백 사람이 그걸 먹고산다고 하면, 이는 마디·배추벌레·콩잎벌레 등보다 피해가 클 것이다. 한 무리의 고을 사람들이 또는 집집마다 한 사람씩 제아무리 많은 사람이 『시경』·『서경』을 공부한다 하더라도 나라를 다스리는 데는 아무 도움도 안 된다. 그런 일은 국가를 부강한 나라로 되돌리는 방법이 아니다.

그래서 선왕들은 백성들을 농전으로 되돌리려 한 것이다. 백 사람이 농사를 짓고 한 사람이 놀고 먹는 나라는 천하의 제왕이 될 것이다. 열 사람이 농사를 짓고 한 사람이 놀고 먹는 나라도 강성해질 것이다. 그러나 반만 농사짓고 반은 놀고 먹는 나라는 위태로워질 것이다. 그러니 나라를 잘 다스리는 사람은 백성들이 농사에 전념하길 바란다. 국가적으로 농사에 전념하지 않으면 제후들과의 세력 다툼에서 스스로를 지켜내지도 못할 것이다. 전체적인 힘이 부족하기 때문이다. 제후들은 쇠약해진 틈을 타서 더욱 교란시키므로 토지가 침탈을 당해도 떨쳐 일어서지 못하게 된다. 그때는 후회해도 방법이 없다. 성인은 치국의 핵심을 꿰뚫고 있다. 그래서 오직 농사에 전념하도록 백성들의 마음을 돌려놓는다. 농사일로 마음이 돌아오면 백성들은 순박해져 바른 길로 들어선다.

분분한 의견은 더 이상 쓰일 곳이 없다. 믿음이 생기니 전투에 임할 수 있다. 오직 농전에 전념하므로 사기꾼은 줄어들고 자기 나라를 중요시하게 된다. 오직 농전에 전념하므로 상벌을 통해 진진시킬 수 있다. 오직 농전에 전념하므로 대외작전에 쓸 수가 있다.

故聖人明君者, 非能盡其萬物也, 知萬物之要也. 故其治國也, 察要而고성인명군자, 비능진기만물야, 지만물지요야. 고기치국야, 찰요이

已矣. 今爲國者多無要. 朝廷之言治也, 紛紛焉務相易也. 是以其君惛이의. 금위국자다무요. 조정지언치야, 분분언무상역야. 시이기군혼

於說, 其官亂於言, 其民惰而不農. 故其境內之民, 皆化而好辯樂學,어설, 기관란어언, 기민타이불농. 고기경내지민, 개화이호변락학,

事商賈, 爲技藝, 避農戰, 如此則亡國不遠矣. 國有事, 則學民惡法, 商사상고, 위기예, 피농전, 여차즉망국불원의. 국유사, 즉학민오법, 상

民善化, 技藝之民不用, 故其國易破也. 夫農者寡, 而遊食者衆, 故其민선화, 기예지민불용, 고기국이파야. 부농자과, 이유식자중, 고기

國貧危. 今夫螟螣蚼蠋春生秋死, 一出而民數年乏食. 今一人耕, 而百국빈위. 금부명등가촉춘생추사, 일출이민수년핍식. 금일인경, 이백

人食之, 此其爲螟螣蚼蠋亦大矣. 雖有詩書, 鄕一束, 家一員, 獨無益於인식지, 차기위명등가촉역대의. 수유시서, 향일속, 가일원, 독무익어

治也, 非所以反之之術也. 故先王反之於農戰. 故曰: 百人農, 一人居치야, 비소이반지지술야. 고선왕반지어농전. 고왈: 백인농, 일인거

者, 王; 十人農, 一人居者, 强; 半農半居者, 危. 故治國者欲民之農也.

자, 왕; 십인농, 일인거자, 강; 반농반거자, 위. 고치국자욕민지농야.

國不農, 則與諸侯爭權不能自持也, 則衆力不足也. 故諸侯撓其弱, 乘

국불농, 즉여제후쟁권불능자지야, 즉중력부족야. 고제후요기약, 승

其衰, 土地侵削而不振, 則無及已. 聖人知治國之要, 故令民歸心於農.

기쇠, 토지침삭이부진, 즉무급이. 성인지치국지요, 고영민귀심어농.

歸心於農, 則民樸而可正也. 紛紛, 則不易使也; 信, 可以守戰也. 壹,

귀심어농, 즉민박이가정야. 분분, 즉불이사야; 신, 가이수전야. 일,

則少詐而重居; 壹, 則可以賞罰進也; 壹, 則可以外用也.

즉소사이중거; 일, 즉가이상벌진야; 일, 즉가이외용야.

백성들이 조석으로 농경에 종사할 때 윗사람에 친근하고 군주의 명령에 죽음으로 복종한다. 변론을 즐기는 유세객들이 군주를 섬겨 존귀해지거나, 상인들이 장사를 통해 부유해지거나, 기예에 종사하는 사람들이 능히 생계유지가 가능한 것을 백성들이 보았을 경우 그 백성들은 더 이상 쓸 수가 없다. 백성들이 이 세 가지를 편리하고 이롭다고 생각하게 되면 반드시 농사를 회피하게 된다. 농사를 회피하면 자기가 사는 나라를 경시하게 되고, 자기가 사는 나라를 경시하게 되면 반드시 군주를 위한 전투에 참여하지 않는다.

夫民之親上死制也, 以其旦暮從事於農. 夫民之不可用也, 見言談游士
부민지친상사제야, 이기단모종사어농. 부민지불가용야, 견언담유사

事君之可以尊身也, 商賈之可以富家也, 技藝之足以餬口也. 民見此三
사군지가이존신야, 상고지가이부가야, 기예지족이호구야. 민견차삼

者之便且利也, 則必避農; 避農則民輕其居, 輕其居則必不爲上守戰也.
자지편차리야, 즉필피농; 피농즉민경기거, 경기거즉필불위상수전야.

나라를 잘 다스리는 사람은 항상 백성들이 흩어져 단결할
수 없게 될까 걱정한다. 그래서 성인은 오직 농전이라는 한
방침을 내세워 백성들을 단결시킨다. 국가 전체가 1년 동안
농전에 전념하면 10년 동안 강해질 수 있다. 10년 동안 농전
에 전념하면 100년 동안 강해질 수 있다. 100년 동안 농전에
전념하면 천 년 동안 강해질 수 있다. 천 년 동안 강해질 수
있는 사람은 천하의 제왕이 될 것이다. 보통 군주는 상과 벌
을 분명히 함으로써 온 국민을 농전에 전념토록 하는 군국민
(軍國民) 교육을 보조한다. 그리하여 그 교육이 정상적인 궤
도에 들어서면 정치적 성과를 거두게 된다.

그런데 천하의 제왕은 백성들을 다스리는 핵심 관건을 파
악하고 있으므로 따로 상을 내리지 않아도 백성들이 윗사람
을 친애하며, 작위와 봉록을 주지 않아도 백성들이 제 할 일
에 열심이며, 형벌을 가하지 않아도 백성들이 나라를 위해 죽

음을 무릅쓴다. 나라는 위험에 빠지고 군주는 걱정이 태산인데 그에 대해 말만 늘어놓는 유세객들이 대오를 이룬들 무슨 소용인가? 국가의 안위에 아무 보탬도 안 된다. 나라가 위험에 빠지고 군주가 걱정이 태산인 것은 바로 주변의 강적들과 큰 나라들 때문이다. 강적들을 복종시킬 수 없고, 큰 나라들을 깨뜨릴 수 없으면 군주는 수비를 분명히 해야 한다. 지형의 편의를 최대한 활용하고 백성들의 힘을 단결시켜 외환에 대항해야 한다. 그런 뒤라야 걱정이 없어지고 천하의 제왕도 해볼 수 있다.

그러므로 현명한 군주는 정치를 확실하게 하고 오직 농전이라는 하나의 정책을 추진한다. 농전에 쓸모없는 모든 일은 제거하고, 뜬구름 잡는 『시경』·『서경』을 공부한다든가 장사나 기예 등 그릇된 일을 하지 못하도록 백성들을 통제한다. 오직 농사에 전념케 한 뒤라야 국가는 부유해질 수 있고, 백성들의 힘은 하나로 뭉칠 수 있다.

凡治國者, 患民之散而不可搏也, 是以聖人作壹, 搏之也. 國作壹一歲범치국자, 환민지산이불가단야, 시이성인작일, 단지야. 국작일일세者, 十歲彊; 作壹十歲者, 百歲彊; 作壹百歲者, 千歲彊, 千歲彊者王.자, 십세강; 작일십세자, 백세강; 작일백세자, 천세강, 천세강자왕.君修賞罰以輔壹教, 是以其教有所常, 而政有成也. 王者得治民之至군수상벌이보일교, 시이기교유소상, 이정유성야. 왕자득치민지지

要, 故不待賞賜而民親上, 不待爵祿而民從事, 不待刑罰而民致死. 國

요, 고불대상사이민친상, 불대작록이민종사, 불대형벌이민치사. 국

危主憂, 說者成伍, 無益於安危也. 夫國危主憂也者, 彊敵大國也. 人

위주우, 세자성오, 무익어안위야. 부국위주우야자, 강적대국야. 인

君不能服彊敵, 破大國也, 則修守備, 便地形, 摶民力以待外事, 然後患

군불능복강적, 파대국야, 즉수수비, 편지형, 단민력이대외사, 연후환

可以去, 而王可致也. 是以明君修政作壹, 去無用, 止浮學事淫之民,

가이거, 이왕가치야. 시이명군수정작일, 거무용, 지부학사음지민,

壹之農, 然後國家可富, 而民力可摶也.

일지농, 연후국가가부, 이민력가단야.

오늘날 군주들은 나라가 위태롭고 군대가 허약하다는 생
각 때문에 애써 유세객들의 변설을 듣는다. 유세객들이 대오
를 이루고 온갖 화려한 수사를 동원해 논쟁을 하나 사실 아무
런 실용성도 없다. 그럼에도 불구하고 군주들은 그들의 변론
을 좋아하고 실정에 맞는지 아닌지 따지지 않는다. 유세객들
은 득의만면하여 온 길을 가득 매운 채 달변을 늘어놓으며 자
신이 옳다고 우긴다. 그들의 말이 고관대작들에게 먹혀 들어
간다는 것을 알고는 백성들 모두가 그것을 배우려들고 있다.
그런 사람들이 모여 당을 짓고 수도에 모여 갖은 논의를 풀어
놓으니, 그 분분한 이견을 일반 백성들은 즐거워하고 고관들

은 이를 기뻐한다. 그러니 농사짓는 백성들은 갈수록 줄고 놀고 먹는 사람들은 갈수록 늘어난다.

놀고 먹는 사람들이 갈수록 늘어나면 농민들은 게을러진다. 농민들이 게을러지면 논밭은 황폐해진다. 『시경』・『서경』을 배우려는 풍조가 만연하면 백성들은 농사일을 버리고 담론에만 종사하게 된다. 고담준론에 허황된 논의를 일삼는다. 농사를 버리고 떠돌며 놀고 먹으면서 서로의 말을 추켜세워준다. 그렇게 되면 군주를 배반하고 신하되기를 원치 않는 백성들이 무리를 이루게 될 것이다. 이는 바로 가난하고 약한 나라로 가자는 가르침 아니겠는가!

국가에서 교묘한 언변에 따라 사람을 임용해 쓰면 백성들은 농사에 종사하려들지 않게 된다. 오직 현명한 군주만이 언변 따위를 좋아해서는 절대로 국토를 넓힐 수도 부강해질 수도 없다는 사실을 잘 알고 있다. 이런 성인은 나라를 다스리는 데 오직 농전 한 가지 정책만을 추구하며 백성들을 농전으로 단결시킬 따름이다.

今世主皆憂其國之危而兵之弱也, 而彊聽說者. 說者成伍, 煩言飾辭, 금세주개우기국지위이병지약야, 이강청설자. 세자성오, 번언식사, 而無實用. 主好其辯, 不求其實. 說者得意, 道路曲辯, 輩輩成羣. 民見 이무실용. 주호기변, 불구기실. 세자득의, 도로곡변, 배배성군. 민견

其可以取王公大人也, 而皆學之. 夫人聚黨與說議於國, 紛紛焉小民樂

기가이취왕공대인야, 이개학지. 부인취당여설의어국, 분분언소민락

之, 大人說之. 故其民農者寡, 而游食者衆; 衆則農者怠, 農者怠則土

지, 대인열지. 고기민농자과, 이유식자중; 중즉농자태, 농자태즉토

地荒. 學者成俗, 則民舍農, 從事於談說, 高言僞議, 舍農游食, 而以言

지황. 학자성속, 즉민사농, 종사어담설, 고언위의, 사농유식, 이이언

相高也. 故民離上而不臣者, 成羣. 此貧國弱兵之敎也. 夫國庸民以言,

상고야. 고민리상이불신자, 성군. 차빈국약병지교야. 부국용민이언,

則民不畜於農. 故惟明君知好言之不可以彊兵闢土也. 惟聖人之治國,

즉민불휵어농. 고유명군지호언지불가이강병벽토야. 유성인지치국,

作壹, 摶之於農而已矣.

작일, 단지어농이이의.

설민(說民) 제5편

사람의 성정을 논함

* 인성을 잘 이용해 나라를 다스려야 한다고 주장하는 전국 중기 상
  앙 후예의 작품.

말 잘하고 약삭빠름은 혼란을 조장한다. 예의와 음악은 방
탕을 부르는 징조이다. 자애로움·어짊 따위는 잘못을 저지
르게 만드는 근본이다. 제멋대로 행동하고 명예를 추구하는
행위는 간사함을 일으키는 단서가 된다. 혼란은 조장자가 있
어서 일어나며, 방탕은 징조가 있어서 유행하며, 잘못은 근본
이 있어서 생겨나며, 간사함은 단서가 있어서 그치지 않는
다. 이 여덟 가지가 무리를 이루면 백성들이 정치를 통제하
는 국면이 조성되고, 나라에 이 여덟 가지가 없으면 정치가

백성들을 통제하는 국면이 조성된다. 백성들이 정치를 통제하는 나라는 약해지고, 정치가 백성들을 통제하면 군대가 강해진다. 국내에 이 여덟 가지가 있으면 군주가 백성들을 전투에 참여시킬 수 없으므로 그 나라는 반드시 쇠약해져 망하게 된다. 나라에 이 여덟 가지가 없으면 군주가 백성들을 전투에 참여시킬 수 있으므로 그 나라는 반드시 흥성해져 천하의 제왕이 될 수 있다.

> 辯慧, 亂之贊也; 禮樂, 淫佚之徵也; 慈仁, 過之母也; 任譽, 姦之鼠也.
> 변혜, 난지찬야; 예악, 음일지징야; 자인, 과지모야; 임예, 간지서야.
> 亂有贊則行, 淫佚有徵則用, 過有母則生, 姦有鼠則不止. 八者有羣, 民
> 난유찬즉행, 음일유징즉용, 과유모즉생, 간유서즉불지. 팔자유군, 민
> 勝其政; 國無八者, 政勝其民. 民勝其政, 國弱; 政勝其民, 兵彊. 故國有
> 승기정; 국무팔자, 정승기민. 민승기정, 국약; 정승기민, 병강. 고국유
> 八者, 上無以使守戰, 必削至亡; 國無八者, 上有以使守戰, 必興至王.
> 팔자, 상무이사수전, 필삭지망; 국무팔자, 상유이사수전, 필흥지왕.

선량한 백성을 다스리는 방법으로 정치를 하면 사람들은 자기의 친지끼리 친하게 된다. 간악한 백성을 다스리는 방법으로 정치를 하면 사람들은 법률제도와 친하게 된다. 사람들이 서로 연합하여 잘못을 덮어주는 것은 선량한 백성을 다스리는 방법을 쓰기 때문이다. 서로 연합하지 않고 법규범으로

행동을 바로 잡아주는 것은 간악한 백성을 다스리는 방법을 쓰기 때문이다. 선한 일을 표창하면 잘못이 은폐되고, 간악한 일을 엄격히 징계하면 모든 범죄가 처벌을 받게 된다. 잘못이 은폐되는 것은 백성들이 법을 통제하는 것이며, 모든 범죄가 처벌받는 것은 법이 백성들을 통제하는 것이다. 백성들이 법을 통제하는 나라는 변란이 생긴다. 법이 백성들을 통제하면 군대가 강해진다. 그래서 선량한 백성을 다스리는 방법으로 정치를 하면 반드시 변란이 생겨 나라가 쇠약해지고, 간악한 백성을 다스리는 방법으로 정치를 하면 반드시 질서가 잡혀 군대가 강해진다.

用善, 則民親其親; 任姦, 則民親其制. 合而復之者, 善也; 別而規之
용선, 즉민친기친; 임간, 즉민친기제. 합이복지자, 선야; 별이규지
者, 姦也. 章善則過匿, 任姦則罪誅. 過匿則民勝法, 罪誅則法勝民. 民
자, 간야. 장선즉과닉, 임간즉죄주. 과닉즉민승법, 죄주즉법승민. 민
勝法, 國亂; 法勝民, 兵彊. 故曰: 以良民治, 必亂至削; 以姦民治, 必
승법, 국란; 법승민, 병강. 고왈: 이량민치, 필란지삭; 이간민치, 필
治至彊.
치지강.

공격당하기 어려운 나라가 한 번 군사를 일으키면 열 배의 이익을 취하고, 공격당하기 쉬운 나라는 열 번 군사를 일으키

면 백 배의 손실을 부른다. 힘을 숭상하는 나라를 "공격당하기 어려운 나라"라고 하고, 말을 숭상하는 나라를 "공격당하기 쉬운 나라"라고 한다. 정치에 대해 쉽게 말을 내뱉는 나라의 백성들은 전투에 이용하기가 매우 어렵다. 국가의 법을 백성들이 어기기 어렵도록 만들고 백성들을 쉽게 동원하여 전투에 이용할 수 있으면서 힘으로 공격에 나서는 나라는 한 번 군사를 일으키면 열 배의 이익을 얻는다. 국가의 법을 백성들이 어기기 쉽도록 만들고 백성들을 어렵게 동원하여 전투에 참여시키면서 말로 공격에 나서는 나라는 열 번 군사를 일으키면 백 배의 손실을 부른다.

> 國以難攻, 起一取十; 國以易攻, 起十亡百. 國好力, 曰: "以難攻"; 國
> 국이난공, 기일취십; 국이이공, 기십망백. 국호력, 왈: "이난공"; 국
> 好言, 曰: "以易攻". 民易爲言, 難爲用. 國法作民之所難, 兵用民之所
> 호언, 왈: "이이공". 민역위언, 난위용. 국법작민지소난, 병용민지소
> 易, 而以力攻者, 起一得十. 國法作民之所易, 兵用民之所難, 而以言
> 이, 이이력공자, 기일득십. 국법작민지소이, 병용민지소난, 이이언
> 攻者, 出十亡百.
> 공자, 출십망백.

벌을 무겁게 하면 작위가 존중받는다. 상을 가볍게 하면 형벌을 두려워하게 된다. 작위가 존중받으면 범죄가 줄어들

게 되므로 군주가 백성을 사랑하는 것이며, 형벌을 두려워하
게 되면 용감하게 나서게 되므로 백성들이 군주를 위해 목숨
을 내놓는다. 흥성한 나라에서 무거운 벌을 행하면 백성들에
게 이익이 되고, 가벼운 상을 주면 군주가 존중받는다.

罰重, 爵尊; 賞輕, 刑威. 爵尊, 上愛民; 刑威, 民死上. 故興國行罰則民
벌중, 작존; 상경, 형위. 작존, 상애민; 형위, 민사상. 고흥국행벌즉민

利, 用賞則上重.
리, 용상즉상중.

법령이 상세하면 그만큼 형벌이 번잡하다는 말이며, 법령
이 간소하면 그만큼 형벌이 적다는 얘기다. 백성들을 잘 다
스리지 못하면 변란이 생긴다. 변란이 생겼는데도 그대로 그
냥 다스리면 더욱 혼란스러워진다. 백성들을 안정시키는 방
법으로 백성을 다스리면 국가는 안정이 되며, 백성들을 혼란
스럽게 하는 방법으로 백성들을 다스리면 국가는 혼란스럽
다. 백성들의 성정은 원래 안정을 추구하지만 다툼 때문에
실제 행동은 왕왕 혼란에 빠지곤 한다.

따라서 형벌을 행할 때 가벼운 죄에 무거운 형벌을 가하면
가벼운 범죄도 생기지 않으니, 무거운 죄를 진 사람은 더욱
나타날 수가 없다. 이것을 가리켜 "백성들을 안정시키는 방
법으로 백성을 다스린다"고 한다. 형벌을 행할 때 무거운 죄

에 무거운 형벌을 가하고, 가벼운 죄에 가벼운 형벌을 가하면 가벼운 범죄가 그치지 않으니, 그러면 무거운 죄를 진 사람은 더욱 그칠 수가 없다. 이것을 가리켜 "백성들을 혼란스럽게 하는 방법으로 백성들을 다스린다"고 한다. 가벼운 죄에 무거운 형벌을 가하면 형벌이 없어도 소기의 성과를 거둘 수 있으며 나라는 강해진다. 무거운 죄에 무거운 형벌을 가하고, 가벼운 죄에 가벼운 형벌을 가하면 형벌이 있어도 끊임없는 사건이 생겨나며 나라는 약해진다.

> 法詳則刑繁, 法簡則刑省. 民不治則亂, 亂而治之又亂. 故治之於其治,
> 법상즉형번, 법간즉형성. 민불치즉란, 난이치지우란. 고치지어기치,
> 則治; 治之於其亂, 則亂. 民之情也治, 其事也亂. 故行刑, 重其輕者,
> 즉치; 치지어기란, 즉란. 민지정야치, 기사야란. 고행형, 중기경자,
> 輕者不生, 則重者無從至矣. 此爲"治之於其治"也. 行刑, 重其重者, 輕
> 경자불생, 즉중자무종지의. 차위"치지어기치"야. 행형, 중기중자, 경
> 其輕者, 輕者不止, 則重者無從止矣. 此爲"治之於其亂"也. 故重輕, 則
> 기경자, 경자부지, 즉중자무종지의. 차위"치지어기란"야. 고중경, 즉
> 刑去事成, 國彊; 重重而輕輕, 則刑至而事生, 國削.
> 형거사성, 국강; 중중이경경, 즉형지이사생, 국삭.

백성들이 용감하면 그들이 바라는 물건으로 상을 주고, 백성들이 겁이 많으면 그들이 싫어하는 것으로 형벌을 가해야

한다. 겁 많은 백성들을 형벌로 다루면 용감해지고, 용감한 백성들을 상으로 독려하면 나라를 위해 목숨을 건다. 겁 많은 백성들이 용감해지고, 용감한 백성들이 국가를 위해 목숨을 걸어 세상에 적수가 될 만한 나라가 없어지면 반드시 천하의 제왕이 될 것이다.

民勇, 則賞之以其所欲; 民怯, 則刑之以其所惡. 故怯民使之以刑則勇,

민용, 즉상지이기소욕; 민겁, 즉형지이기소악. 고겁민사지이형즉용,

勇民使之以賞則死. 怯民勇, 勇民死, 國無敵者, 必王.

용민사지이상즉사. 겁민용, 용민사, 국무적자, 필왕.

백성들이 가난하면 그 나라는 약해지고, 국가가 부유하면 백성들이 방탕해진다. 백성들이 방탕해지면 각종 사회악이 생기고, 사회악이 생기면 그 나라는 약해진다. 따라서 가난한 사람에게 형벌을 가해 열심히 일하도록 하면 마침내 부유해질 것이고, 부유한 사람에게 재산을 줄여 상으로 내놓게 하고 세금을 많이 물리면 끝내 가난해질 것이다. 나라를 다스리는 정책은 가난한 사람을 부유하게 만들고, 부유한 사람을 가난하게 만드는 것이 중요하다. 가난한 사람이 부유해지고, 부유한 사람이 가난해지는 나라는 강한 나라이다. 농업·상업·관리 등 국가의 중요한 세 부류의 사람들[16]이 아무런 사회악도 저지르지 않는 나라는 강해진다. 그렇게 오래오래 사

회악을 저지르지 않으면 반드시 천하의 제왕이 될 수 있다.

民貧則弱, 國富則淫. 淫則有蝨, 有蝨則弱, 故貧者益之以刑, 則富; 富

者損之以賞, 則貧. 治國之擧, 貴令貧者富, 富者貧. 貧者富, 富者貧,

國彊. 三官無蝨, 國彊; 而無蝨久者, 必王.

민빈즉약, 국부즉음. 음즉유슬, 유슬즉약. 고빈자익지이형, 즉부; 부

자손지이상, 즉빈. 치국지거, 귀령빈자부, 부자빈. 빈자부, 부자빈,

국강. 삼관무슬, 국강; 이무슬구자, 필왕.

　형벌로 백성들을 독려하면 힘이 만들어진다. 국가에 힘이
있으면 강해진다. 국가가 강하면 위세를 갖게 된다. 국가가
위세를 갖게 되면 백성들은 그 은덕을 입게 된다. 그러므로
국가의 은덕은 형벌에서 생기는 것이다. 형벌이 잡다하면 상
받는 것을 중시하고, 상이 적으면 형벌을 중시한다. 사람마다
바라는 것이 있는가 하면 싫어하는 것이 있다. 바라는 것은
여섯 가지가 있는데 모두 사람을 방탕하게 만드는 것들이다.
싫어하는 것으로는 사람들이 힘들어하는 네 가지가 있다.[17]

　여섯 가지 방탕한 것만을 쫓으면 그 나라는 약해진다. 네
가지 하기 힘든 일을 실천하면 군대가 강해진다. 천하의 제
왕은 형벌을 9할, 상은 1할로 운용한다. 형벌을 9할로 하면
사람을 방탕하게 만드는 여섯 가지가 그치게 되고, 상을 1할
만 주어도 네 가지 하기 힘든 일을 다 실천하게 된다. 사람을

방탕하게 만드는 여섯 가지가 그치면 그 나라의 모든 간악함이 사라지고, 네 가지 하기 힘든 일이 다 실천되면 군대는 천하무적이 된다. 사람들이 바라는 바는 수없이 많지만 이익을 얻을 수 있는 길은 단 하나여야 한다. 사람들은 그 한 길에 의존하지 않고는 바라는 바를 하나도 충족할 수 없으므로 결국 농사와 전쟁이라는 외길을 걷게 될 것이다. 농사와 전쟁이라는 외길을 걷게 되면 힘이 모아질 것이고, 힘이 모아지면 강해진다. 강해진데다 백성들이 힘을 발휘하면 국가는 더욱 강해진다. 이렇게 힘을 만들어낼 수 있고, 또 대외작전을 통해 힘을 소모할 수 있는 나라를 "적을 공격하는 나라"라고 부른다. 이런 나라는 반드시 강해진다.

사사로이 오고가는 모든 경로를 막아버림으로써 백성들이 뜻을 넓히지 못하도록 해야 한다. 오직 농사와 전쟁이라는 한 가지 길만을 열어놓고 그것을 통해 바라는 바를 충족하도록 해야 한다. 백성들로 하여금 반드시 먼저 싫어하는 일을 하게 한 뒤에 바라는 것을 얻을 수 있도록 하면 국가 역량이 크게 늘어날 것이다. 국가 역량이 크게 늘어났는데도 이를 쓰지 않으면 백성들이 뜻을 넓히지 못하게 된다. 백성들이 뜻을 넓히지 못하게 되면 사사로운 경로를 찾게 된다. 백성들이 사사로운 경로를 찾아다니면 그 나라는 약해진다. 이렇게 힘을 만들어낼 수 있으나 대외작전 등을 통해 힘을 소모할 수 없는 나라를 "스스로 공격하는 나라"라고 부른다. 이런 나라는 반드시 쇠약해진다. "천하의 제왕은 국력을 축적해 두지 않으며 집안에 곡식을 쌓아두지 않는다"라는 말이 있다. 국력을 축적해 두지 않는 것은 어린 백성들이 명령에 잘 복종하기 때문이다. 집안에 곡식을 쌓아두지 않는 것은 국가 창고에서 잘 보관하고 있기 때문이다.

刑生力, 力生彊, 彊生威, 威生惠, 惠生於刑. 故刑多則賞重, 賞少則刑

형생력, 역생강, 강생위, 위생덕, 덕생어형. 고형다즉상중, 상소즉형

重. 民之有欲有惡也, 欲有六淫, 惡有四難. 從六淫, 國弱; 行四難, 兵

중. 민지유욕유오야, 욕유육음, 오유사난. 종육음, 국약; 행사난, 병

彊. 故王者刑於九, 而賞出一. 刑於九, 則六淫止; 賞出一, 則四難行. 六

강. 고왕자형어구, 이상출일. 형어구, 즉육음지; 상출일, 즉사난행. 육

淫止, 則國無姦; 四難行, 則兵無敵. 民之所欲萬, 而利之所出一. 民非

음지, 즉국무간; 사난행, 즉병무적. 민지소욕만, 이리지소출일. 민비

一則無以致欲, 故作一. 作一則力摶, 力摶則彊; 彊而用, 重彊. 故能生

일즉무이치욕, 고작일. 작일즉력단, 역단즉강; 강이용, 중강. 고능생

力, 能殺力, 曰: "攻敵之國", 必彊. 塞私道以窮其志, 啓一門以致其欲,

력, 능살력, 왈: "공적지국", 필강. 색사도이궁기지, 계일문이치기욕,

使民必先其所惡, 然後致其所欲, 故力多. 力多而不用則志窮, 志窮則

사민필선기소악, 연후치기소욕, 고력다. 역다이불용즉지궁, 지궁즉

有私, 有私則有弱. 故能生力, 不能殺力, 曰: "自攻之國", 必削. 故曰:

유사, 유사즉유약. 고능생력, 불능살력, 왈: "자공지국", 필삭. 고왈:

"王者國不蓄力, 家不積粟." 國不蓄力, 下用也; 家不積粟, 上藏也.

"왕자국불축력, 가불적속." 국불축력, 하용야; 가불적속, 상장야.

국가를 잘 다스리려면 이렇게 해야 한다. 잘못이 있을 경우 집안 단위에서 잘잘못을 가려 서로 고발하는 고간법(告姦法)을 시행하면 작은 잘못도 없어지게 될 것이므로 결국 천하의 제왕이 될 수 있다. 관청 단위에서 잘잘못을 결정하도록 하면 작은 잘못을 빠뜨릴 경우가 생기지만 국가는 강해질 수 있다. 모든 잘잘못을 군주가 결정하도록 하면 수많은 잘못을 빠뜨릴 확률이 높아 결국 나라가 약해질 것이다. 가벼운 죄에 대해 무거운 형벌을 내리면 작은 잘못도 없어질 것이니 결국 형벌이 필요없게 될 것이다.

농업·상업·관리 등 국가에서 없어서는 안 되는 세 부류의 사람들이 형벌 없이 스스로 잘 알아서 하게 되면 그 나라는 질서가 잡혔다고 할 수 있다. 백성들을 서로 연결시켜 잘못을 반드시 고발토록 하면 형벌을 줄일 수 있다. 상을 주되 절대로 약속을 어겨선 안 된다. 간악한 행위를 보면 반드시 고발토록 하면 백성들이 마음 속으로 꼭 법을 지키리라는 결심을 하게 된다. 군주가 명령을 내리고 백성들이 어떻게 그것을 실행해야 할지 다 알고 있으며, 백성들이 집안에서 만들어 쓰는 기물들이 국가 법령과 관청의 수요에 잘 맞아떨어진다면 이는 정부사업이 민간에서 벌써 결정된다는 의미이다. 천하의 제왕은 형벌과 상에 대해 백성들이 마음 속에서 스스로 결정토록 하며, 기물을 만들어 쓰는 일이 집안에서 다 결정되도록 한다.

정치가 밝으면 모든 국민들이 같은 마음을 지니게 되고, 정치가 어두우면 모든 국민들이 다른 뜻을 품게 된다. 같은 마음을 지니면 명령이 실천되고, 다른 뜻을 품게 되면 정책집행을 못하게 된다. 명령이 실천되면 국가가 안정되고, 정책집행을 못하게 되면 국가는 혼란이 생긴다. 안정된 나라는 형벌과 상을 집안 단위에서 결정하며, 혼란한 나라는 형벌과 상을 군주 단위에서 결정한다. 나라를 다스리는 데 가장 중요한 것은 형벌과 상에 대해서 저 아래 백성들 스스로가 결정짓도록 하는 것이다.

문제를 십 리나 멀리 군주에게 가지고 가 결정토록 하는 나라는 약해지고, 오 리나 떨어진 관청에서 결정짓는 나라는 그래도 강한 나라이고, 집안 단위에서 즉각 결정짓는 나라는 여유가 넘치게 된다. 집안 단위에서 당일에 결정짓는 나라는 천하의 제왕이 될 수 있다. 관리들이 결정을 내리려면 시간이 부족하므로 밤에 이르러서야 일 처리를 할 수 있는데 이런 나라는 그래도 강한 나라이다. 모든 일을 군주가 결정토록 하면 반드시 혼란이 생긴다. 그래서 밤을 넘겨서 일 처리를 할 수 있는데, 이런 나라는 쇠약해진다. 그래서 치국의 도리를 잘 아는 나라는 신하들이 법령에 입각해 즉각 문제를 해결하고 군이 군주의 명령을 듣지 않으며, 백성들이 법령에 입각해 즉각 결정을 내리고 군이 관리들의 의사를 쫓지 않는다.

國治: 斷家王, 斷官彊, 斷君弱. 重輕刑去, 常官則治. 省刑要保, 賞不可倍也. 有姦必告之, 則民斷於心. 上令而民知所以應, 器成於家而行於官, 則事斷於家. 故王者刑賞斷於民心, 器用斷於家. 治明則同, 治闇則異. 同則行, 異則止. 行則治, 止則亂. 治則家斷, 亂則君斷. 治國貴下斷, 故以十里斷者弱, 以五里斷者彊, 家斷則有餘, 故曰日治者王. 官斷則不足, 故曰夜治者彊. 君斷則亂, 故曰宿治者削. 故有道之國, 治不聽君, 民不從官.

국치: 단가왕, 단관강, 단군약. 중경형거, 상관즉치. 성형요보, 상불가배야. 유간필고지, 즉민단어심. 상령이민지소이응, 기성어가이행어관, 즉사단어가. 고왕자형상단어민심, 기용단어가. 치명즉동, 치암즉이. 동즉행, 이즉지. 행즉치, 지즉란. 치즉가단, 난즉군단. 치국귀하단, 고이십리단자약, 이오리단자강, 가단즉유여, 고왈일치자왕. 관단즉부족, 고왈야치자강. 군단즉란, 고왈숙치자삭. 고유도지국, 치불청군, 민불종관.

산지(算地) 제6편

땅 크기를 잘 계산하라

* 토지와 인구의 분배정책을 군주에게 건의하는 상앙 혹은 그 후예
의 작품.

대체로 군주들은 군대를 일으키고자 하나 도대체 동원할
인력이 얼마나 되는지 헤아리지 못할 때, 그리고 황무지를 개
간하고자 하나 도대체 개간할 땅의 크기가 얼마나 되는지 헤
아리지 못할 때 걱정을 많이 하게 됩니다. 땅은 좁은데 사람
은 많은 경우 사람이 토지보다 많다고 하고, 땅은 넓은데 사
람은 적은 경우 토지가 사람보다 많다고 합니다. 사람이 토
지보다 많은 경우엔 황무지 개간에 힘써야 하고, 토지가 사람
보다 많은 경우엔 사람을 끌어들이는 데 힘써야 합니다. 개

간을 잘하면 생산량을 배로 늘릴 수 있습니다. 사람이 토지보다 많으면 생산이 국가의 수요를 따라가지 못하므로 국가의 힘도 줄어들고 병력도 감소하게 됩니다. 토지가 사람보다 많으면 산림이나 연못 등에서 나는 재물을 충분히 활용할 수가 없습니다. 하늘이 내려준 재물을 버리고 백성들이 안락에 빠져 있다면 이는 군주의 정책 실패입니다. 군신 상하가 그런 일에 젖어 있으므로 인구가 많아도 병력은 약하며, 땅이 커도 힘은 작은 것입니다.

나라를 다스리며 훌륭하게 토지를 분배하는 사람은 산과 구릉이 전국 토지의 10분의 1, 늪지와 연못이 10분의 1, 계곡과 하천이 10분의 1, 크고 작은 도시와 도로가 10분의 1, 열등한 전답이 10분의 2, 그리고 우량한 전답이 10분의 4를 차지하게 합니다. 이것은 선왕이 정해놓은 바른 율법입니다. 나라를 다스리면서 농토를 나눌 때는 그 숫자를 적게 잡아야 합니다. 5백 무(畝)의 전답을 경작해 전사 한 명의 수요만 충족할 수 있다면 이는 토지분배 계획을 잘못 세운 것입니다. 사방 백 리의 땅으로 전사 만 명을 낼 수 있다면 이는 토지분배의 숫자를 적게 한 결과입니다. 개간한 전답으로 백성들이 충분히 먹고 살 수 있으며, 크고 작은 도시와 도로로 백성들이 충분히 거처할 수 있으며, 산림·연못·계곡 등으로 충분히 수요를 충당할 수 있으며, 각종 연못 등에 제방을 쌓아 충분한 물을 저장할 수 있도록 합니다. 그러면 군대가 출동할 경우 충분한 군량을 공급하고도 재화가 남아돌고, 군대가 쉴 경우 백성들은 열심히 경작에 종사하여 장기적으로 충분한 축적을 이루어낼 수 있습니다. 이것이 바로 토지분배를 잘하여 군대의 수요에 응하도록 하는 율법입니다.

凡世主之患, 用兵者不量力, 治草萊者不度地. 故有地狹而民衆者, 民
범세주지환, 용병자불량력, 치초래자불도지. 고유지협이민중자, 민

勝其地; 地廣而民少者, 地勝其民. 民勝其地者, 務開; 地勝其民者, 事
승기지; 지광이민소자, 지승기민. 민승기지자, 무개; 지승기민자, 사

徠. 開則行倍. 民過地, 則國功寡而兵力少; 地過民, 則山澤財物不爲
래. 개즉행배. 민과지, 즉국공과이병력소; 지과민, 즉산택재물불위

用. 夫棄天物, 遂民淫者, 世主之務過也, 而上下事之, 故民衆而兵弱,
용. 부기천물, 수민음자, 세주지무과야, 이상하사지, 고민중이병약,

地大而力小. 故爲國任地者, 山陵居什一, 藪澤居什一, 谿谷流水居什
지대이력소. 고위국임지자, 산릉거십일, 수택거십일, 계곡유수거십

一, 都邑蹊道居什一, 惡田居什二, 良田居什四. 此先王之正律也, 故
일, 도읍혜도거십일, 악전거십이, 양전거십사. 차선왕지정율야, 고

爲國分田數小. 畝五百, 足待一役, 此地不任也. 方土百里, 出戰卒萬
위국분전수소. 무오백, 족대일역, 차지불임야. 방토백리, 출전졸만

人者, 數小也. 此其墾田足以食其民, 都邑蹊路足以處其民, 山陵藪澤
인자, 수소야. 차기간전족이식기민, 도읍수로족이처기민, 산릉수택

谿谷足以供其利, 藪澤隄防足以畜. 故兵出, 糧給而財有餘; 兵休, 民作

계곡족이공기리, 수택제방족이축. 고병출, 양급이재유여; 병휴, 민작

而畜長足. 此所謂任地待役之律也.

이축장족. 차소위임지대역지율야.

요즘 토지가 사방 수천 리에 이르는 군주가 여럿 있습니다. 그럼에도 불구하고 식량생산이 군대의 수요에 응하거나 창고를 채우지 못하고 있으며 병력은 이웃 나라에 필적하지 못합니다. 신은 이들 때문에 걱정이 많습니다. 땅이 아무리 넓어도 개간하지 않으면 땅이 없는 것이나 마찬가지입니다. 인구가 아무리 많아도 쓰지 못하면 사람이 없는 것이나 마찬가지입니다. 그러니 나라를 다스리는 방법은 황무지 개간에 힘쓰는 것이며, 용병의 방법은 딱 전공을 세우는 경우에만 상을 주도록 하는 것입니다. 다른 방법으로 사적인 이익을 챙길 수 있는 길이 외부에서 완전히 차단되어 있으면 백성들은 열심히 농사에 전념할 수밖에 없습니다. 열심히 농사에 전념하면 순박해집니다. 순박하면 명령을 두려워하게 됩니다. 농전 외에 사사로이 상을 주는 일이 그 어디에도 없으면 백성들은 적을 대적하는 데 온 힘을 모으게 됩니다. 적을 대적하는 데 온 힘을 모으게 되면 반드시 승리합니다.

그렇다는 것을 어떻게 알 수 있겠습니까? 사람의 성정을

보면 순박할수록 열심히 일하며 쉽게 힘을 발휘합니다. 가난할수록 지혜가 생겨 무엇이 이익인지 잘 계산합니다. 쉽게 힘을 발휘하면 죽음을 가벼이 여기므로 국가를 위해 즐겁게 쓰일 수 있으며, 이익을 잘 계산하면 형벌을 두려워하므로 힘든 농사일도 척척 해냅니다. 힘든 농사일을 척척 해내면 토지생산력을 충분히 발휘할 수 있으며, 국가를 위해 즐겁게 쓰일 수 있으면 군사력을 충분히 발휘할 수 있습니다.

今世主有地方數千里, 食不足以待役實倉, 而兵爲隣敵, 臣故爲世主患之. 夫地大而不墾者, 與無地者同; 民衆而不用者, 與無民者同. 故爲國之數, 務在墾草; 用兵之道, 務在一賞. 私利塞於外, 則民務屬於農; 屬於農則樸, 樸則畏令. 私賞禁於下, 則民力摶於敵, 摶於敵則勝. 奚以知其然也? 夫民之情, 樸則生勞而易力, 窮則生知而權利. 易力則輕死而樂用, 權利則畏罰而易苦. 易苦則地力盡, 樂用則兵力盡.

금세주유지방수천리, 식부족이대역실창, 이병위린적, 신고위세주환지. 부지대이불간자, 여무지자동; 민중이불용자, 여무민자동. 고위국지수, 무재간초; 용병지도, 무재일상. 사리색어외, 즉민무속어농; 속어농즉박, 박즉외령. 사상금어하, 즉민력단어적, 단어적즉승. 해이지기연야? 부민지정, 박즉생로이이력, 궁즉생지이권리. 이력즉경사이락용, 권리즉외벌이이고. 이고즉지력진, 낙용즉병력진.

나라를 잘 다스리는 사람은 토지생산력을 충분히 발휘하

고 국가를 위해 목숨을 내건 사람들에게 명예와 이익 둘 다 제공합니다. 사람은 나면서부터 배고프면 음식을 찾고, 힘들면 편안함을 바라고, 괴로울 땐 즐거움을 구하고, 욕된 처지에 있으면 출세하길 원하는 법입니다. 이것이 사람의 성정입니다. 사람들은 이익을 구하기 위해 예의법도를 위반하기도 하며, 명예를 구하기 위해 정상적인 성정에 위배되는 일을 하곤 합니다. 어떻게 그런 논리가 가능하겠습니까? 요즘 도적들은 위로 군주가 내린 금지명령을 어기고 아래로 신하로서 응당 지켜야 할 도리를 위반하고 있습니다. 그러면 명성에 먹칠을 하고 몸은 위험에 빠지게 될 터인데도 여전히 행위를 그치지 않고 있는데, 그건 이익 때문입니다.

옛날 상고시대의 선비들은 옷을 입어도 전혀 따뜻하지 않게 입고, 밥을 먹어도 전혀 배부르지 않게 먹으며, 마음은 고통스럽고 사지는 고달팠으며, 그리하여 오장이 상하게 되었을지라도 오직 명성만 더욱 널리 퍼지기를 원했습니다. 이는 사람의 정상적인 성정이 아닙니다. 그럼에도 그런 행위를 계속 했는데, 그건 명예 때문입니다. 그래서 명리가 모이는 곳에 백성들이 들끓는다고 말하는 것입니다.

夫治國者能盡地力而致民死者, 名與利交至. 民之生, 饑而求食, 勞而
부치국자능진지력이치민사자, 명여리교지. 민지생, 기이구식, 노이

求佚, 苦則索樂, 辱則求榮, 此民之情也. 民之求利, 失禮之法; 求名,

구일, 고즉색락, 욕즉구영, 차민지정야. 민지구리, 실례지법; 구명,

失性之常. 奚以論其然也? 今夫盜賊上犯君上之所禁, 下失臣子之禮,

실성지상. 해이론기연야? 금부도적상범군상지소금, 하실신자지례,

故名辱而身危, 猶不止者, 利也. 其上世之士, 衣不煖膚, 食不滿腸, 苦

고명욕이신위, 유부지자, 이야. 기상세지사, 의불난부, 식불만장, 고

其志意, 勞其四肢, 傷其五臟, 而益裕廣耳, 非性之常, 而爲之者, 名也.

기지의, 노기사지, 상기오장, 이익유광이, 비성지상, 이위지자, 명야.

故曰名利之所湊, 則民道之.

고왈명리지소주, 즉민도지.

군주가 명예와 이익이란 칼자루를 손에 쥐고 공명을 이룰
수 있는 까닭은 술수 때문입니다. 성인은 권력의 속성을 깊
이 관찰하여 칼자루를 손에 쥐며, 술수를 깊이 관찰하여 백성
들을 부립니다. 술수란 신하와 군주 사이의 술수이며 국가의
핵심 요체입니다. 만 승의 큰 나라 군주가 술수를 잃고도 위
태로워지지 않거나, 신하와 군주 사이에 술수를 잃고도 혼란
해지지 않는 경우는 아직 없었습니다. 오늘날 군주들은 토지
를 개척하고 백성들을 다스리고자 하면서도 술수를 깊이 관
찰하지 않고, 신하들은 제 임무를 다하고자 하면서도 술수에
입각하지 않습니다. 이 때문에 나라에 복종하지 않는 백성이

있고 군주의 명령에 따르지 않는 신하가 있는 것입니다. 성인이 나라를 다스릴 때는 들어서면 백성들로 하여금 농사일에 전념토록 만들고, 나가면 백성들로 하여금 전쟁을 통한 이익을 계산토록 만듭니다. 농사는 백성들이 힘들어하는 일이고, 전쟁은 백성들이 위험하게 여기는 일입니다. 힘든 일에 도전하고 위험한 일에 뛰어드는 것은 이해타산 때문입니다. 백성들은 살아선 이익을 계산하고 죽어선 이름을 남기기를 생각합니다. 그러니 그 명예와 이익이 어디서 생기는지에 대해 깊이 관찰하지 않을 수 없습니다.

이익이 농지에서 나온다면 백성들은 온 힘을 다해 농사를 지을 것이고, 명예가 전쟁에서 나온다면 백성들은 죽음을 각오하고 덤빌 것입니다. 안으로 백성들에게 온 힘을 다해 농사에 전념토록 한다면 농토가 황폐해지는 일은 없을 것입니다. 밖으로 백성들이 죽음을 각오하고 덤빈다면 전투에서 승리하게 될 것입니다. 전투에서 승리하고 농토가 황폐해지는 일이 없으면 앉아서도 부국강병의 효과를 얻을 수 있을 것입니다.

主操名利之柄, 而能致功名者, 數也. 聖人審權以操柄, 審數以使民.

주조명리지병, 이능치공명자, 수야. 성인심권이조병, 심수이사민.

數者, 臣主之術而國之要也. 故萬乘失數而不危, 臣主失術而不亂者,

수자, 신주지술이국지요야. 고만승실수이불위, 신주실술이불란자,

未之有也. 今世主欲辟地治民而不審數, 臣欲盡其事而不立術, 故國有

미지유야. 금세주욕벽지치민이불심수, 신욕진기사이불립술, 고국유

不服之民, 主有不令之臣. 故聖人之爲國也, 入令民以屬農, 出令民以

불복지민, 주유불령지신. 고성인지위국야, 입령민이속농, 출령민이

計戰. 夫農, 民之所苦; 而戰, 民之所危也. 犯其所苦, 行其所危者, 計

계전. 부농, 민지소고; 이전, 민지소위야. 범기소고, 행기소위자, 계

也. 故民生則計利, 死則慮名. 名利之所出, 不可不審也. 利出於地, 則

야. 고민생즉계리, 사즉려명. 명리지소출, 불가불심야. 이출어지, 즉

民盡力; 名出於戰, 則民致死. 入使民盡力, 則草不荒; 出使民致死, 則

민진력; 명출어전, 즉민치사. 입사민진력, 즉초불황; 출사민치사, 즉

勝敵. 勝敵而草不荒, 富强之功, 可坐而致也.

승적. 승적이초불황, 부강지공, 가좌이치야.

　지금은 그렇지 못합니다. 세상 군주들이 힘쓰고 있는 것은
모두 국가적으로 하나도 급하지 않은 일들입니다. 몸으론 요
임금이나 순임금 같은 덕행을 실천하고 있으나 공적은 탕왕
이나 무왕의 발치에도 미치지 못하고 있습니다. 이는 권력의
칼자루를 잘못 운용했기 때문입니다. 신은 여기서 그 잘못에
대해서 말씀을 드리고자 합니다. 나라를 다스리면서 권세에
입각하지 않고 담론이나 일삼는 선비들을 신임한다면 몸만
고달프지 효과는 보잘 것 없습니다. 『시경』·『서경』을 연구

하고 담론을 일삼는 선비들을 섬기면 백성들은 유세를 일삼고 자기 군주를 가볍게 여깁니다. 처사들을 섬기면 백성들이 세속에서 멀어져 자기 군주를 비난하게 됩니다. 용사를 섬기면 백성들은 싸움을 일삼고 법을 가볍게 여깁니다. 기예에 종사하는 사람들을 임용하면 백성들은 여기저기 표류하면서 쉽게 옮겨 다닙니다. 장사꾼들이 편안하고 이익도 많이 얻게 되면 백성들은 이를 빌미로 자기 군주를 비판하게 됩니다. 이 다섯 종류의 사람들이 중용되면 그 나라의 농토는 황폐해지고 군대는 약해질 것입니다.

담론을 일삼는 선비들이 의존하는 것은 입입니다. 처사들이 의존하는 것은 내면의 뜻입니다. 용사들이 의존하는 것은 용기입니다. 기예에 종사하는 사람들이 의존하는 것은 두 손입니다. 장사꾼들이 의존하는 것은 제 한 몸입니다. 모두 자기 집안 입장에서 세상을 보며, 그들이 의존하고 있는 것이라곤 제 한 몸뿐입니다. 그들은 제 한 몸에 의존하는 것을 중시할 뿐만 아니라 외국 세력과 결탁하기도 합니다. 자기가 중요하다고 여기는 것에 의존하여 모든 이익을 제 집안으로 돌아가게 만드는 이런 사람들은 요임금·순임금이라 하더라도 다스리기 어려운 존재들입니다. 그래서 탕왕·무왕은 법으로 이들을 금지했는데, 탁월한 성공을 거두고 이름을 빛냈습니다.

今則不然. 世主之所以加務者, 皆非國之急也. 身有堯 · 舜之行, 而功

금즉불연. 세주지소이가무자, 개비국지급야. 신유요 · 순지행, 이공

不及湯 · 武之略者, 此執柄之罪也. 臣請語其過. 夫治國舍勢而任談

불급탕 · 무지략자, 차집병지죄야. 신청어기과. 부치국사세이임담

說, 則身勞而功寡. 故事詩書談說之士, 則民游而輕其上; 事處士, 則

설, 즉신로이공과. 고사시서담설지사, 즉민유이경기상; 사처사, 즉

民遠而非其上; 事勇士, 則民競而輕其禁; 技藝之士用, 則民劓而易徙;

민원이비기상; 사용사, 즉민경이경기금; 기예지사용, 즉민표이이사;

商賈之士佚且利, 則民緣而議其上. 故五民加於國用, 則田荒而兵弱.

상고지사일차리, 즉민연이의기상. 고오민가어국용, 즉전황이병약.

談說之士, 資在於口; 處士, 資在於意; 勇士, 資在於氣; 技藝之士, 資

담설지사, 자재어구; 처사, 자재어의; 용사, 자재어기; 기예지사, 자

在於手; 商賈之士, 資在於身. 故天下一宅, 而圜身資民; 資重於身, 而

재어수; 상고지사, 자재어신. 고천하일택, 이환신자민; 자중어신, 이

偏託勢於外. 挾重資, 歸偏家, 堯舜之所難也; 故湯 · 武禁之, 則功立

편탁세어외. 협중자, 귀편가, 요순지소난야; 고탕 · 무금지, 즉공립

而名成.

이명성.

성인은 세상 사람들이 쉽게 여기는 일이 어렵게 여기는 일
보다 더 나은 대접을 받지 못하도록 합니다. 세상 사람들이

어렵게 여기는 일이 쉽게 여기는 일보다 반드시 더 나은 대접을 받도록 만듭니다. 백성들이 어리석으면 지혜로 그들을 제압할 수 있으며, 세상 사람들이 지혜로우면 힘으로 그들을 제압할 수 있습니다. 백성들이 어리석으면 힘은 쉽게 쓰지만 교묘한 말은 하기 어려우며, 세상 사람들이 교묘한 말을 알면 지혜는 쉽게 쓰지만 힘은 발휘하기 어렵습니다. 그래서 신농씨는 열심히 농사에 종사하여 천하의 제왕이 되었으며, 백성들에게 그의 지혜를 본받도록 하였습니다. 탕왕·무왕은 부강한 국가를 만들어 제후들을 정복하였으며, 세상이 그의 힘에 복종하도록 하였습니다. 요즘 세상은 교묘한 말이 유행하고 백성들은 음란에 빠져 있습니다. 이는 탕왕·무왕의 시대와 비슷한 점이 많습니다. 그런데도 신농씨 때처럼 하려고 세상에서 금지하고 있는 일을 계속 따르고 있습니다. 천 승의 나라가 혼란에 빠진 것은 바로 그들이 힘써야 할 일이 잘못되었기 때문입니다.

聖人非能以世之所易, 勝其所難也; 必以其所難, 勝其所易. 故民愚,

성인비능이세지소이, 승기소난야; 필이기소난, 승기소이. 고민우,

則知可以勝之; 世知, 則力可以勝之. 民愚, 則易力而難巧; 世巧, 則易

즉지가이승지; 세지, 즉력가이승지. 민우, 즉이력이난교; 세교, 즉이

知而難力. 故神農務耕而王天下, 師其知也; 湯·武致彊而征諸侯, 服

지이난력. 고신농무경이왕천하, 사기지야; 탕·무치강이정제후, 복

其力也. 今世巧而民淫, 方倣湯·武之時, 而行神農之事, 以隨世禁,

기력야. 금세교이민음, 방방탕·무지시, 이행신농지사, 이수세금,

故千乘惑亂. 此其所加務者, 過也.

고천승혹란. 차기소기무자, 과야.

　백성들의 성정은 재보고 긴 것을 취하고, 달아보고 무거운 것을 취하고, 헤아려보고 이로운 것을 취합니다. 현명한 군주는 이 세 가지를 신중히 관찰하므로 국가의 바른 질서를 세울 수 있고, 백성들의 힘을 모아 쓸 수 있습니다. 나라에서 백성들에게 요구해야 할 사항이 매우 적은데도 백성들은 그 요구를 피하려드는 경향이 매우 많습니다. 안으로 백성들에게 농사에만 전념하도록 하고, 밖으로 백성들을 오직 전투에만 종사하도록 해야 합니다. 성인은 나라를 다스릴 때 금지사항을 많이 두어 백성들이 재능을 발휘하지 못하게 하고, 강력한 힘으로 밀어붙여 백성들 사이의 속임수를 그치게 합니다. 이 두 가지 정책을 두루 사용하면 경내의 백성들이 한 가지 생각만 하게 됩니다.

　백성들이 한 가지 생각만 하게 되면 농사에 전념합니다. 농사에 전념하면 순박해집니다. 순박해지면 자기가 사는 곳을 편안해 하고 나가는 것을 싫어합니다. 그래서 성인이 나라를 다스릴 때는 백성들을 땅에 의존하도록 묶어두고, 밖으로

는 전쟁이라는 위험한 일에 전념하도록 만듭니다. 땅에 의존하면 순박해지고, 밖으로 위험한 전쟁에 전념하면 정신이 없게 됩니다. 백성들이 안으로 순박하고 밖으로 정신이 없으므로 농사에 매진하는 동시에 전쟁에 몰두하게 되는 것입니다. 백성들이 농사에 매진하면 의존할 두터운 언덕이 생기는 셈이며, 전쟁에 몰두하면 이웃 나라들이 위태로워집니다. 의존할 두터운 언덕이 생기면 배신하여 밖으로 도망가지 않을 것이고, 이웃 나라들이 위태로워지면 기댈 언덕이 없는 그런 지역으로 돌아가지 않을 것입니다. 위태로운 바깥 지역으로 귀순해 몸을 맡기는 짓은 미친 사람이라도 하지 않을 것입니다.

그래서 성인이 나라를 다스릴 때는 당시의 풍속을 면밀히 살펴서 법을 만들기 때문에 잘 다스려집니다. 국사의 근본을 관찰하여 시행하므로 시의에 적절하게 됩니다. 당시의 풍속을 관찰하지 않고 나라의 근본을 살피지 않는다면, 법을 세워도 백성들은 여전히 혼란스러워하고 일만 번거롭지 효과는 미미합니다. 이것이 바로 신이 말씀드리고자 한 잘못입니다.

民之性, 度而取長, 稱而取重, 權而索利. 明君愼觀三者, 則國治可立,
민지성, 도이취장, 칭이취중, 권이색리. 명군신관삼자, 즉국치가립,

而民能可得. 國之所以求民者少, 而民之所以避求者多. 入使民屬於
이민능가득. 국지소이구민자소, 이민지소이피구자다. 입사민속어

農, 出使民壹於戰. 故聖人之治也, 多禁以止能, 任力以窮詐, 兩者偏
農, 출사민일어전. 고성인지치야, 다금이지능, 임력이궁사, 양자편
用, 則境內之民壹. 民壹則農, 農則樸, 樸則安居而惡出. 故聖人之爲
용, 즉경내지민일. 민일즉농, 농즉박, 박즉안거이오출. 고성인지위
國也, 民資藏於地, 而偏託危於外. 資於地則樸, 託危於外則惑. 民入
국야, 민자장어지, 이편탁위어외. 자어지즉박, 탁위어외즉혹. 민입
則樸, 出則惑, 故其農勉而戰戢也. 民之農勉則資重, 戰戢則隣危. 資重
즉박, 출즉혹, 고기농면이전집야. 민지농면즉자중, 전집즉린위. 자중
則不可負而逃, 隣危則不歸於無資. 歸危外託, 狂夫之所不爲也. 故聖
즉불가부이도, 인위즉불귀어무자. 귀위외탁, 광부지소불위야. 고성
人之爲國也, 觀俗立法則治, 察國事本則宜. 不觀時俗, 不察國本, 則
인지위국야, 관속입법즉치, 찰국사본즉의. 불관시속, 불찰국본, 즉
其法立而民亂, 事劇而功寡, 此臣之所謂過也.
기법립이민란, 사극이공과, 차신지소위과야.

형벌이란 그릇된 행위들을 금지하기 위한 것입니다. 상은
금지의 효과를 더 낼 수 있도록 돕기 위한 것입니다. 수치와
모욕을 당하면서 고생스러운 일은 백성들 모두가 싫어하며,
영광과 출세의 편안한 일은 백성들 모두가 힘을 쏟습니다.
따라서 형벌을 가해도 백성들이 싫어하지 않는다거나, 작위
와 녹봉을 마련하였는데도 백성들이 힘을 쏟지 않는다면 이

는 망국의 징조입니다. 사람들에게 형벌을 가하면서 빠뜨린 구석이 있으면 어린 백성들이 나쁜 짓을 저지르고도 형벌을 걱정하지 않고 보통 사람 이상의 요행을 바라게 됩니다. 보통 사람 이상의 요행으로 이익을 구할 수 있게 되면 영광과 출세의 길을 한 가지로 제한할 수 없게 됩니다. 그러면 관직에 있는 사람들도 시세변화에 기대어 명예를 빛내려 할 것입니다. 어린 백성들이 금지명령을 두려워하지 않게 되면 형벌은 매우 번잡해질 것이고, 관직에 있는 사람들이 적절한 법령을 만들어내지 못한다면 징벌만 무시로 이루어질 것입니다.

형벌이 매우 번잡하고 징벌이 무시로 행해지는 나라는 간사함이 그만큼 많다는 말 아니겠습니까. 나라에 간사함이 그토록 많으면 부유한 사람들은 자신의 재물을 지킬 수 없을 것이고, 가난한 사람들은 자신의 직업에 종사할 수 없을 것입니다. 결국 농토는 황폐해지고 국가는 가난해집니다. 농토가 황폐해지면 백성들 사이에 사기가 만연하고 국가가 가난하면 군주는 백성들에게 상을 줄 힘이 없게 될 것입니다. 그러므로 성인이 나라를 다스릴 때는 형벌을 받은 사람에게 공무원 지위를 주지 않으며 감옥에 갔다 온 사람은 관직에 임용하지 않습니다. 형벌을 받은 사람이 공직에 있으면 관직에 있는 사람들이 자신의 지위를 하찮게 여기게 되며, 감옥에 갔다 온 사람이 비단 옷에 고기를 먹고살면 어린 백성들이 사적 이익의 추구에 혈안이 될 것입니다. 관직에 있는 사람들이 자신의 지위를 하찮게 여기면 공을 세우는 것을 부끄럽게 여기게 되고, 어린 백성들이 사적 이익 추구에 혈안이 되면 자신의 간사함을 자랑하고 다니게 됩니다. 형벌을 가하고 감옥에 보내는 것은 간사함을 방지하기 위한 것입니다. 관직과 작위를 주는 것은 공을 세우도록 권장하기 위한 것입니다.

요즘 나라에서 작위제도를 설치했는데도 백성들이 그것을 부끄럽게 여기고, 형벌제도를 만들었는데도 백성들이 오히려 범법을 즐기는 것은 법 운용의 수단이 잘못되었기 때문입니다. 관직에 있는 사람들은 권력의 칼자루를 쥐고 정책을 하나로 통일시켜 법 운용 수단을 확립해야 합니다. 지위와 직무를 잘 저울질하여 관직을 설치하고 작위를 높여 주어야 합니다. 얼마나 힘들었는지 공적이 얼마나 되는지를 잘 따져 임용해야 합니다. 위아래 모두에게 통일된 표준을 적용해야 합니다. 위아래 모두에게 통일된 표준이 적용되면 신하들은 온 힘을 기울여 일을 할 것이고 군주는 마침내 권력의 칼자루를 독점할 수 있을 것입니다.

夫刑者所以禁邪也; 而賞者, 所以助禁也. 羞辱勞苦者, 民之所惡也;
부형자소이금사야; 이상자, 소이조금야. 수욕노고자, 민지소오야;
顯榮佚樂者, 民之所務也. 故其國刑不可惡而爵祿不足務也, 此亡國之
현영일락자, 민지소무야. 고기국형불가오이작록부족무야, 차망국지

兆也. 刑人復漏, 則小人辟淫而不苦刑, 則徼倖於民上. 徼倖於民上以

조야. 형인복루, 즉소인벽음이불고형, 즉요행어민상. 요행어민상이

利求, 顯榮之門不一, 則君子事勢以成名. 小人不避其禁, 故刑煩; 君

리구, 현영지문불일, 즉군자사세이성명. 소인불피기금, 고형번; 군

子不設其令, 則罰行. 刑煩而罰行者, 國多姦; 國多姦則富者不能守其

자불설기령, 즉벌행. 형번이벌행자, 국다간; 국다간즉부자불능수기

財, 而貧者不能事其業, 田荒而國貧. 田荒則民詐生, 國貧則上匱賞.

재, 이빈자불능사기업, 전황이국빈. 전황즉민사생, 국빈즉상궤상.

故聖人之爲治也, 刑人無國位, 戮人無官任. 刑人有列, 則君子下其

고성인지위치야, 형인무국위, 육인무관임. 형인유열, 즉군자하기

位; 戮人衣錦食肉, 則小人冀其利. 君子下其位, 則羞功; 小人冀其利,

위; 육인의금식육, 즉소인기기리. 군자하기위, 즉수공; 소인기기리,

則伐姦. 故刑戮者, 所以止姦也; 而官爵者, 所以勸功也. 今國立爵而民

즉벌간. 고형육자, 소이지간야; 이관작자, 소이권공야. 금국입작이민

羞之, 設刑而民樂之, 此蓋法術之患也. 故君子操權一政以立術, 立官

수지, 설형이민락지, 차개법술지환야. 고군자조권일정이입술, 입관

貴爵以稱之, 論勞擧功以任之, 則是上下之稱平. 上下之稱平, 則臣得

귀작이칭지, 논로거공이임지, 즉시상하지칭평. 상하지칭평, 즉신득

盡其力, 而主得專其柄

진기력, 이주득전기병.

막힌 생각을 열어라

* 세상의 변화에 따라 행해야 할 도리를 바꿔야 한다고 강조하는 상
  앙의 작품.

하늘과 땅이 생겨난 뒤 사람이 태어났다. 이 시기에 사람
들은 제 어머니만 알고 제 아버지를 몰랐다. 그때의 사회원
리는 가족을 아끼고 사적인 이익을 추구하는 것이었다. 가족
을 아끼면 나와 타인을 구별짓게 되고, 사적인 이익을 추구하
면 마음이 삐뚤어지게 된다. 세월이 흘러 사람이 많아졌는데
도 서로를 구별짓고 마음이 삐뚤어져 있으면 반드시 사회혼
란이 일어난다. 이 시기에 사람들은 타인을 짓누르고 사적인
이익을 다투느라 혈안이 되었다. 타인을 짓누르려드니 싸움

이 생기고, 사적인 이익을 다투니 소송이 잦아졌다. 소송이 잦은데도 공정한 처리를 못하면 공평하길 요구하는 사람의 본성을 만족시킬 수 없다. 그래서 현인이 나서서 공정한 표준을 세우고 사적인 감정에 치우치지 않은 원칙들을 만들었다. 백성들도 어진 행동을 즐기게 되었다. 이 시기에 이르면 친척을 아끼는 관념은 없어지고 현인을 숭상하는 관념이 자리잡는다. 어진 사람들은 타인을 아껴주고 이롭게 해주느라 힘썼으며, 현명한 사람들은 상부상조를 원칙으로 삼았다.

세월이 흘러 사람이 더욱 많아졌는데도 아무런 사회적 통제도 없이 그저 오래오래 상부상조 원칙만 강조하다 보면 혼란이 생기게 된다. 그래서 성인이 이어받은 뒤 토지·재화·남녀 사이의 구분을 정하기에 이르렀다. 구분이 정해졌는데도 강제규정이 없으면 안 되므로 금지명령들이 만들어졌다. 금지명령들이 만들어졌는데 이를 집행할 사람이 없으면 안 되므로 관리를 두게 되었다. 관직을 설치해놓고 통일된 지휘를 할 사람이 없으면 안 되므로 군주를 세우게 되었다. 이미 군주가 세워졌으면 현인을 숭상하는 관념은 없어지고 신분을 소중히 여기는 관념이 만들어진다.

이렇게 보면 상고시대엔 가족을 아끼고 사적인 이익을 추구하였으며, 중세시대엔 현인을 숭상하고 어진 행동을 즐겼고, 근세엔 신분을 소중히 여기고 관리를 존중하게 되었다.

현인을 숭상한 것은 여력이 있는[18] 사람들로 하여금 상부상
조하라는 것이었다. 그런데 군주가 세워지게 되자 그런 현인
들의 원칙은 더 이상 쓸모가 없게 되었다. 친척을 아낀 것은
사적인 이익 추구가 그 원칙이었다. 그런데 현인에 의해 공
정한 표준이 세워지자 그런 사적인 추구는 더 이상 행할 수
없게 되었다. 이 세 가지는 고의로 상반된 상황을 조성해서
만들어진 현상이 아니다. 사람들이 지켜온 원칙이 무너짐에
따라 거듭해서 바뀌게 된 것이다. 세상사가 바뀌어 행해야
할 도리도 달라졌기 때문이다. 그래서 "왕도에는 기준이 있
다. 즉, 최고의 정치 원칙은 그 시대의 기준에 합치해야 한
다"라고 말한다.

天地設, 而民生之. 當此之時也, 民知其母而不知其父, 其道親親而愛
천지설, 이민생지. 당차지시야, 민지기모이부지기부, 기도친친이애

私. 親親則別, 愛私則險, 民衆而以別險爲務, 則民亂. 當此之時也, 民
사. 친친즉별, 애사즉험, 민중이이별험위무, 즉민란. 당차지시야, 민

務勝而力征. 務勝則爭, 力征則訟, 訟而無正, 則莫得其性也. 故賢者
무승이력정. 무승즉쟁, 역정즉송, 송이무정, 즉막득기성야. 고현자

立中正, 設無私, 而民說仁. 當此時也, 親親廢, 上賢立矣. 凡仁者以愛
립중정, 설무사, 이민열인. 당차시야, 친친폐, 상현입의. 범인자이애

利爲務, 而賢者以相出爲道. 民衆而無制, 久而相出爲道, 則有亂. 故
리위무, 이현자이상출위도. 민중이무제, 구이상출위도, 즉유란. 고

聖人承之, 作爲土地貨財男女之分. 分定而無制, 不可, 故立禁. 禁立

성인승지, 작위토지화재남녀지분. 분정이무제, 불가, 고립금. 금립

而莫之司, 不可, 故立官. 官設而莫之一, 不可, 故立君. 旣立君, 則上

이막지사, 불가, 고립관. 관설이막지일, 불가, 고립군. 기립군, 즉상

賢廢, 而貴貴立矣. 然則上世親親而愛私, 中世上賢而說仁, 下世貴貴

현폐, 이귀귀립의. 연즉상세친친이애사, 중세상현이열인, 하세귀귀

而尊官. 上賢者, 以贏相出也; 而立君者, 使賢無用也. 親親者, 以私爲

이존관. 상현자, 이영상출야; 이립군자, 사현무용야. 친친자, 이사위

道也, 而中正者使私無行也. 此三者, 非事相反也, 民道弊而所重易也,

도야, 이중정자사사무행야. 차삼자, 비사상반야, 민도폐이소중역야,

世事變而行道異也. 故曰: "王道有繩."

세사변이행도이야. 고왈: "왕도유승."

　천하의 제왕이 지켜야 할 원칙이 한 가지라면, 신하들이
지켜야 할 원칙은 또 다른 한 가지이다. 서로 지켜야 할 원칙
은 다르지만 시대에 합치해야 한다는 기준은 하나이다. 이런
말이 있다. "백성들이 어리석으면 지혜로운 사람이 왕이 되
며, 세상 사람들이 지혜로우면 힘있는 사람이 왕이 된다." 백
성들이 어리석으면 힘은 여유가 있으나 지혜는 부족하며, 세
상 사람들이 지혜로우면 기교는 여유가 있지만 힘이 부족하
다. 백성들의 성향을 보면 모르면 배우고 힘이 다하면 복종

한다. 그래서 신농씨는 열심히 농사를 가르쳐 천하의 제왕이 되었으며, 백성들에게 그의 지혜를 본받도록 하였다. 탕왕과 무왕은 부강한 국가를 만들어 정복에 나섰으며, 제후들이 그의 힘에 복종하도록 하였다.

　백성들이 어리석으면 지혜가 없으므로 물어서 알려고 하고, 세상 사람들이 지혜로우면 힘에 여유가 없으므로 복종하게 된다. 그래서 사랑으로 천하의 제왕이 되고자 하는 사람은 형벌을 없애고, 힘으로 제후들을 굴복시키고자 하는 사람은 도덕을 버린다. 성인은 옛것을 본받지도 않고 오늘날의 것을 따르지도 않는다. 옛것을 본받으면 시대에 뒤떨어지게 되고, 오늘날의 것을 따르면 시세에 막히게 된다. 주나라는 은나라를 본받지 않았으며, 하나라는 순임금의 우나라를 본받지 않았다. 하·은·주 삼대는 시세가 달랐는데도 모두 천하의 제왕이 되었다. 그들이 일어나 천하의 제왕이 된 데는 각자의 원칙이 있었으며, 왕조를 유지한 것은 각기 다른 방법에 의해서였다. 주나라 무왕은 반역으로 정권을 탈취했으나 즉위 후 세상에 순응하는 것을 중요시했다. 힘으로 천하를 쟁탈했으나 즉위 후에는 양보를 숭상했다. 그는 무력으로 천하를 얻었으나 왕조의 유지는 의리를 지키는 방법으로 하였다.

　요즘 세상은 강대국들이 겸병을 일삼고 있고, 약소국들은 방위력을 기르는 데 여념이 없다. 저 위로 우나라, 하나라 때에 미치지 못하고 있으며, 아래로 탕왕과 무왕의 원칙을 따르지 못하고 있다. 탕왕과 무왕의 원칙이 꽉 막혀 있으므로 만 승의 강대국들이 안 싸우는 나라가 없고, 천 승의 약소국들이 방위력 증강에 힘쓰지 않는 나라가 없다. 대 원칙이 막힌 지 너무도 오래 되었으나 세상의 군주들 가운데 아직 아무도 새로운 세상을 열어줄 사람이 없다. 그래서 하·은·주의 삼대가 사대로 이어지지 못하고 있다. 현명한 군주가 아니고는 어느 누구도 대 원칙을 들 수 없다. 오늘 여기서 그 이치를 밝혀보고자 한다.

夫王道一端, 而臣道一端; 所道則異, 而所繩則一也. 故曰: "民愚, 則부왕도일단, 이신도일단; 소도즉이, 이소승즉일야. 고왈: "민우, 즉知可以王; 世知, 則力可以王." 民愚, 則力有餘而知不足; 世知, 則巧지가이왕; 세지, 즉력가이왕." 민우, 즉력유여이지부족; 세지, 즉교有餘而力不足. 民之性, 不知則學, 力盡而服. 故神農教耕而王, 天下유여이력부족. 민지성, 부지즉학, 역진이복. 고신농교경이왕, 천하師其知也; 湯·武致彊而征, 諸侯服其力也. 夫民愚, 不懷知而問; 世사기지야; 탕·무치강이정, 제후복기력야. 부민우, 불회지이문; 세知, 無餘力而服. 故以愛王天下者, 幷刑; 力征諸侯者, 退德. 聖人不法지, 무여력이복. 고이애왕천하자, 병형; 역정제후자, 퇴덕. 성인불법古, 不脩今. 法古則後於時, 脩今則塞於勢. 周不法商, 夏不法虞, 三代고, 불수금. 법고즉후어시, 수금즉색어세. 주불법상, 하불법우, 삼대

異勢, 而皆可以王. 故興王有道, 而持之異理. 武王逆取而貴順, 爭天

이세, 이개가이왕. 고흥왕유도, 이지지이리. 무왕역취이귀순, 쟁천

下而上讓; 其取之以力, 持之以義. 今世彊國事兼幷, 弱國務力守. 上

하이상양; 기취지이력, 지지이의. 금세강국사겸병, 약국무력수. 상

不及虞・夏之時, 而下不脩湯・武之道. 湯・武道塞, 故萬乘莫不戰,

불급우・하지시, 이하불수탕・무지도. 탕・무지도색, 고만승막부전,

千乘莫不守. 此道之塞久矣, 而世主莫之能開也, 故三代不四. 非明主莫

천승막불수. 차도지색구의, 이세주막지능개야, 고삼대불사. 비명주막

有能聽也, 今日願啓之以效.

유능청야, 금일원게지이효.

고대의 백성은 질박하고 후덕했는데 오늘날의 백성은 약
삭빠르고 거짓을 일삼는다. 그러니 고대를 본받고자 하면 도
덕에 기초하여 다스려야 하고, 오늘날을 본받고자 하면 형벌
을 앞세우는 법치를 행해야 한다. 이것을 세상 사람들은 헷
갈려 한다. 오늘날 의라고 부르는 행위는 백성들이 좋아하는
것을 마련해 주고 싫어하는 것을 없애주는 것을 말한다. 불
의라고 부르는 행위는 백성들이 싫어하는 것을 마련해 주고
즐거워하는 일을 없애는 것을 말한다. 이 두 경우의 명분과
실질이 서로 뒤바뀐 것에 대하여 깊이 살펴보지 않을 수 없
다. 사람들에게 즐거워하는 일을 만들어 주면 반대로 그들이

싫어하는 일 때문에 상처를 입게 되며, 사람들이 싫어하는 일을 마련해 주면 반대로 그들이 좋아하는 일을 편안히 즐길 수 있게 된다. 그렇다는 것을 어떻게 알 수 있는가? 사람들은 걱정이 있으면 깊이 고민한다. 고민하면 방법이 생긴다. 반면 사람들은 즐거우면 음란해진다. 음란해지면 나태하게 된다. 형벌로 다스리면 백성들이 두려워하고, 백성들이 두려워하면 간사한 행위가 없어진다. 간사한 행위가 없어지면 백성들은 자신들이 좋아하는 일을 편안히 즐길 수 있다.

의롭다고 하는 요즘의 방식으로 백성들을 가르치면 방종하게 된다. 방종하면 혼란이 조성된다. 혼란이 생기면 백성들은 자신이 싫어하는 일 때문에 상처를 입게 된다. 내가 형벌이라 부르는 것이야말로 진정한 의미에서 의로움의 근본이다. 세상에서 의롭다고 말하는 것은 사실 포학하고, 잘못된 길이다. 백성들을 바로잡으려는 사람은 그들이 싫어하는 일을 마련해 주고 끝내는 결국 그들이 좋아하는 일을 할 수 있도록 만든다. 백성들이 좋아하는 일만 만들어 준다면 결국 그들이 싫어하는 일 때문에 실패하게 될 것이다.

古之民樸以厚, 今之民巧以僞. 故效於古者, 先德而治; 效於今者, 前
고지민박이후, 금지민교이위. 고효어고자, 선덕이치; 효어금자, 전
刑而法; 此世之所惑也. 今世之所謂義者, 將立民之所好, 而廢其所惡;
형이법; 차세지소혹야. 금세지소위의자, 장립민지소호, 이폐기소오;

此其所謂不義者, 將立民之所惡, 而廢其所樂也. 二者名貿實易, 不可

차기소위불의자, 장립민지소오, 이폐기소락야. 이자명무실역, 불가

不察也. 立民之所樂, 則民傷其所惡; 立民之所惡, 則民安其所樂. 何

불찰야. 입민지소락, 즉민상기소오; 입민지소오, 즉민안기소락. 하

以知其然也? 夫民憂則思, 思則出度; 樂則淫, 淫則生佚. 故以刑治則

이지기연야? 부민우즉사, 사즉출도; 낙즉음, 음즉생일. 고이형치즉

民威, 民威則無姦, 無姦則民安其所樂. 以義教則民縱, 民縱則亂, 亂

민위, 민위즉무간, 무간즉민안기소락. 이의교즉민종, 민종즉란, 난

則民傷其所惡. 吾所謂刑者, 義之本也; 而世所謂義者, 暴之道也. 夫

즉민상기소오. 오소위형자, 의지본야; 이세소위의자, 폭지도야. 부

正民者, 以其所惡, 必終其所好; 以其所好, 必敗其所惡.

정민자, 이기소오, 필종기소호; 이기소호, 필패기소오.

잘 다스려지는 나라는 형벌이 많고 상이 적다. 그래서 천하의 제왕이 된 사람은 형벌이 9할이고 상이 1할이다. 혼란한 나라는 상이 9할이고 형벌이 1할이다. 잘못에 깊고 얕음이 있듯이 형벌에도 가볍고 무거움이 있어야 한다. 잘한 일에 크고 작음이 있듯이 상에도 많고 적음이 있어야 한다. 이 두 경우는 세상 어디서든 자주 그렇게 운용된다. 형벌을 죄의 결과에만 가한다면 간사함이 사라지지 않는다. 백성들이 의롭다고 여기는 곳에다 상을 준다면 잘못이 그치지 않는다.

형벌이 간사함을 없애지 못하고, 상이 잘못을 그치게 할 수 없으면 그 나라는 반드시 혼란에 빠진다. 그러므로 천하의 제왕은 장차 생길 수 있는 잘못에도 형벌을 가하므로 큰 잘못이 생기지 않으며, 모든 주변의 잘못을 고발하는 사람에게 상을 주므로 작은 잘못도 놓치지 않게 된다. 백성들을 잘 다스려 큰 잘못이 전혀 생기지 않고 작은 잘못도 놓치지 않게 되면 그 나라는 질서가 잡힌다. 질서가 잡힌 나라는 반드시 강해진다. 한 나라에서 이를 실천하면 경내에 독자적인 질서를 확립할 수 있다. 두 나라에서 이를 실천하면 당분간 전쟁이 그칠 것이다. 온 천하에서 이를 실천하면 최고의 도덕질서가 새롭게 확립될 것이다. 형벌정책을 분명히 하면 최고의 도덕질서로 되돌아갈 수 있으나 사람들이 의롭다고 하는 방향으로 나가면 결국 포학한 잘못된 길로 접어들 것이라는 나의 주장은 이를 두고 한 말이다.

治國刑多而賞少, 亂國賞多而刑少. 故王者刑九而賞一, 削國賞九而刑
치국형다이상소, 난국상다이형소. 고왕자형구이상일, 삭국상구이형

一. 夫過有厚薄, 則刑有輕重; 善有大小, 則賞有多少. 此二者, 世之常
일. 부과유후박, 즉형유경중; 선유대소, 즉상유다소. 차이자, 세지상

用也. 刑加於罪所終, 則姦不去, 賞施於民所義, 則過不止. 刑不能去
용야. 형가어죄소종, 즉간불거, 상시어민소의, 즉과부지. 형불능거

姦, 而賞不能止過者, 必亂. 故王者刑用於將過, 則大邪不生; 賞施於

간, 이상불능지과자, 필란. 고왕자형용어장과, 즉대사불생; 상시어

告姦, 則細過不失. 治民能使大邪不生, 細過不失, 則國治, 國治必彊.

고간, 즉세과불실. 치민능사내사불생, 세과불실, 즉국치, 국치필강.

一國行之, 境內獨治; 二國行之, 兵則少寢; 天下行之, 至德復立. 此吾

일국행지, 경내독치; 이국행지, 병즉소침; 천하행지, 지덕복립. 차오

以效刑之反於德, 而義合於暴也.

이효형지반어덕, 이의합어폭야.

옛날 사람들은 취락을 이루고 살면서 집단으로 거주하였
으므로 자주 혼란이 생겼다. 이에 혼란을 정리해줄 군주가
있기를 희망했다. 이렇게 세상 사람들이 기꺼이 군주가 있기
를 바란 것은 질서유지 때문이었다. 그런데 오늘날은 군주가
있는데도 법이 없으니 이는 군주가 없는 것과 마찬가지다.
법이 있어도 혼란을 통제하지 못하면 이는 법이 없는 것과 마
찬가지다. 온 천하의 백성들이 군주가 없는 데 대하여 불안
하게 생각하면서도 기꺼이 법을 지키려 하지 않는다. 이것을
세상 사람들은 헷갈려 한다. 천하의 백성들을 이롭게 하기
위해선 훌륭한 정치가 최고이다. 훌륭한 정치는 군주를 세우
는 것이 가장 중요하다. 군주를 세우는 원칙은 법을 잘 이용
하는 것이 가장 확실하다. 법을 이용하면서 가장 급한 일은

간사함을 뿌리뽑는 일이다. 간사함을 뿌리째 뽑아버리기 위해서는 엄한 형벌을 시행하는 것이 최고이다. 그래서 천하의 제왕은 상을 통해 간사함을 금지시키고 형벌을 통해 복종을 권장한다. 사람들의 잘못을 색출하려고만 할 뿐 백성들의 선행은 챙기지 않는다. 이것이 형벌을 통해 형벌을 없애는 방법이다.

古者民蘗生而羣處亂, 故求有上也. 然則天下之樂有上也, 將以爲治也.

고자민총생이군처란, 고구유상야. 연즉천하지락유상야, 장이위치야.

今有主而無法, 其害與無主同; 有法不勝其亂, 與無法同. 天下不安無

금유주이무법, 기해여무주동; 유법불승기란, 여무법동. 천하불안무

君, 而樂勝其法, 則擧世以爲惑也. 夫利天下之民者, 莫大於治, 而治

군, 이락승기법, 즉거세이위혹야. 부리천하지민자, 막대어치, 이치

莫康於立君. 立君之道, 莫廣於勝法. 勝法之務, 莫急於去姦. 去姦之

막강어입군. 입군지도, 막광어승법. 승법지무, 막급어거간. 거간지

本, 莫深於嚴刑. 故王者以賞禁, 以刑勸, 求過不求善, 藉刑以去刑.

본, 막심어엄형. 고왕자이상금, 이형권, 구과불구선, 자형이거형.

상과 형벌

* 군주에게 획일적인 상 · 형벌 · 교육의 효과와 중요성을 주청하는
   상앙의 작품.

성인이 나라를 다스리는 방법을 보면 상, 형벌, 그리고 교육을 통일시킵니다. 상을 통일시키면 군대가 무적이 되고, 형벌을 통일시키면 명령이 모두 이행되고, 교육을 통일시키면 백성들이 군주에게 복종합니다. 상이 엄정하면 괜한 낭비가 없고, 형벌이 엄정하면 괜한 살육이 없고, 교육이 엄정하면 괜한 이변이 없게 됩니다. 백성들이 스스로 해야 할 것을 알게 되어 나라에 다른 분위기가 형성되지 않게 됩니다. 상이 엄정하여 극치에 이르면 마침내 상을 줄 일이 없어지고,

형벌이 엄정하여 극치에 이르면 마침내 형벌을 가할 일이 없어지고, 교육이 엄정하여 극치에 이르면 마침내 교육할 일이 없어집니다.

聖人之爲國也, 壹賞, 壹刑, 壹敎. 壹賞則兵無敵, 壹刑則令行, 壹敎則
성인지위국야, 일상, 일형, 일교. 일상즉병무적, 일형즉령행, 일교즉
下聽上. 夫明賞不費, 明刑不戮, 明敎不變, 而民知於民務, 國無異俗. 明
하청상. 부명상불비, 명형불륙, 명교불변, 이민지어민무, 국무이속. 명
賞之猶, 至於無賞也. 明刑之猶, 至於無刑也. 明敎之猶, 至於無敎也.
상지유, 지어무상야. 명형지유, 지어무형야. 명교지유, 지어무교야.

상을 통일시킨다는 것은 이익이나 녹봉·관작이 오직 군사적 공로에 대해서만 주어지고 달리 주어지는 일이 없어야 한다는 말입니다. 그리하여 지혜롭든 어리석든 귀하든 천하든 용감하든 비겁하든 현명하든 멍청하든 모두 제 가슴에 품은 지혜를 다 꺼내고, 제 팔다리에 있는 힘을 다해서 죽음을 마다하지 않고 군주를 위해 쓰도록 해야 합니다. 천하의 호걸과 현인들이 물 흐르듯 이 정책에 순종하도록 해야 합니다. 그리하면 군대는 천하무적이 되고 세상 어디서든 명령이 이행될 것입니다. 만 승의 큰 나라는 감히 중원에 군대를 내놓지 못할 것이며, 천 승의 작은 나라는 감히 성곽을 방어하지 못할 것입니다. 만 승의 나라가 만약 중원에 군대를 내놓

았다가는 전투에서 그 군대는 괴멸되고 말 것이며, 천 승의 나라가 제 성곽을 지키려다가 공격 앞에 성 전체가 점령당하게 될 것입니다. 전투를 하면 반드시 적의 군대를 괴멸시키고, 공격을 하면 반드시 적의 성을 점령하며, 성을 점령하고 그것을 차지하여 그 안의 사람들을 모두 귀순시킬 수 있다면 아무리 두텁게 상을 내린다 한들 어찌 경비 소모가 많다고 할 수 있겠습니까.

　옛날 은나라 탕왕은 찬모(贊茅)라는 땅에 봉지를 받았고, 주나라 문왕은 기산(岐山)에 봉지를 받았습니다. 모두 사방 백 리에 불과했습니다. 탕왕은 하나라 걸왕과 명조(鳴條)의 들녘에서 싸웠고, 주나라 무왕은 은나라 주왕과 목야(牧野)에서 전투를 치렀습니다. 그들은 연합군을 대파하고 끝내 땅을 나누어 다시 제후들을 봉하였습니다. 전쟁에 참여한 장수와 병졸들은 모두 갑옷을 벗고 고향으로 돌아갈 수 있었으며, 전차는 방치되어 아무도 타지 않게 되었습니다. 말들은 화산(華山)의 남쪽에 풀어주고 소들은 농토와 연못 주변에 풀어주어 늙어죽도록 다시 잡아들이지 않았습니다. 이것이 바로 탕왕과 무왕이 세상에 베푼 상입니다.

　이렇게들 얘기합니다. "찬모와 기산의 곡식으로 온 천하 사람들에게 상을 베풀어 봐야 한 사람당 한 되도 못 된다. 그 돈으로 온 천하 사람들에게 상을 베풀어 봐야 한 사람당 일전도 못 된다." "그럼에도 불구하고 사방 백 리에 불과한 군주가 제후들에게 봉지를 나누어주니 신하들이 옛 땅보다 더 많이 가지게 되었으며, 전쟁에 참여했던 모든 장수와 신하들이 갑옷을 벗고 고향으로 돌아가게 되었으며, 상을 받은 자들이 넓게는 소나 말에게까지 미쳤으니 이것이 어떻게 가능한가?"라고도 얘기합니다. 그것은 온 천하의 재물을 잘 이용하여 온 천하의 사람들에게 상을 주었기 때문입니다. 그래서 "상을 엄격하게 시행하는 것은 절대로 낭비가 아니다"라고 말하는 것입니다.

탕왕과 무왕이 걸왕과 주왕을 격파함으로써 세상의 해악이 없어지자 천하가 크게 안정되었습니다. 제사용품 창고 등 다섯 창고를 건축하였으며, 창 등 다섯 가지 병기를 모두 거둬들였습니다. 전쟁이 그치고 문인교육이 시행되었으며 창·방패는 뒤집혀 방치되었습니다. 조정의 신하들은 음악을 지어 그 높은 덕을 칭송하기에 바빴습니다. 이때에 이르면 더 이상의 상과 녹봉을 주지 않아도 백성들 사이의 질서가 참으로 가지런히 잘 잡히게 되었습니다. 그래서 "상이 엄정하여 극치에 이르면 마침내 상을 줄 일이 없어지게 된다"고 말하는 것입니다.

所謂壹賞者, 利祿官爵, 搏出於兵, 無有異施也. 夫固知愚, 貴賤, 勇怯,

소위일상자, 이록관작, 단출어병, 무유이시야. 부고지우, 귀천, 용겁,

賢不肖, 皆盡其胸臆之知, 竭其股肱之力, 出死而爲上用也. 天下豪傑

현불초, 개진기흉억지지, 갈기고굉지력, 출사이위상용야. 천하호걸

賢良從之如流水. 是故兵無敵, 而令行於天下. 萬乘之國, 不敢蘇其兵

현량종지여유수. 시고병무적, 이령행어천하. 만승지국, 불감소기병

中原. 千乘之國, 不敢埤城. 萬乘之國, 若有蘇其兵中原者, 戰將覆其

중원. 천승지국, 불감한성. 만승지국, 약유소기병중원자, 전장복기

軍. 千乘之國, 若有埤城者, 攻將凌其城. 戰必覆人之軍, 攻必凌人之

군. 천승지국, 약유한성자, 공장능기성. 전필복인지군, 공필능인지

城, 盡城而有之, 盡賓而致之, 雖厚慶賞, 何費匱之有矣. 昔湯封於贊

성, 진성이유지, 진빈이치지, 수후경상, 하비궤지유의. 석탕봉어찬

茅, 文王封於岐周, 方百里. 湯與桀戰於鳴條之野, 武王與紂戰於牧野

모, 문왕봉어기주, 방백리. 탕여걸전어명조지야, 무왕여주전어목야

之中, 大破九軍, 卒裂土封諸侯, 士卒坐陳者里有書社, 車休息不乘,

지중, 대파구군, 졸렬토봉제후, 사졸좌진자리유서사, 차휴식불승,

從馬華山之陽, 從牛於農澤, 從之老而不收, 此湯·武之賞也. 故曰:

종마화산지양, 종우어농택, 종지로이불수, 차탕·무지상야. 고왈:

贊茅·岐周之粟, 以賞天下之人, 不人得一升; 以其錢賞天下之人, 不人

찬모·기주지속, 이상천하지인, 불인득일승; 이기전상천하지인, 불인

得一錢. 故曰: 百里之君, 而封侯其臣, 大其舊. 自士卒坐陳者, 里有書

득일전. 고왈: 백리지군, 이봉후기신, 대기구. 자사졸좌진자, 이유서

社賞之所加, 寬於牛馬者, 何也? 善因天下之貨, 以賞天下之人. 故曰:

사상지소가, 관어우마자, 하야? 선인천하지화, 이상천하지인. 고왈:

"明賞不費." 湯·武旣破桀·紂, 海內無害, 天下大定, 築五庫, 藏五兵,

"명상불비." 탕·무기파걸·주, 해내무해, 천하대정, 축오고, 장오병,

偃武事, 行文敎, 倒載干戈, 搢笏作爲樂以申其德. 當此時也, 賞祿不

언무사, 행문교, 도재간과, 진홀작위락이신기덕. 당차시야, 상록불

行, 而民整齊. 故曰: "明賞之猶, 至於無賞也."

행, 이민정제. 고왈: "명상지유, 지어무상야."

　형벌을 통일시킨다는 것은 형벌에 등급차별이 없다는 말
입니다. 경상(卿相)·장군으로부터 대부·서인에 이르기까
지 국왕의 명령을 따르지 않는 자, 국가가 금지한 바를 범한
자, 위에서 제정한 법도를 어지럽힌 자가 있으면 모두 사형을
내리고 절대로 용서하지 말아야 합니다. 예전에 공로가 있었
더라도 나중에 실패하면 그로 인해 형벌을 줄여주지 않아야
합니다. 예전에 잘했더라도 나중에 잘못하면 그로 인해 법을
줄여 적용하지 않아야 합니다. 충신이나 효자라도 잘못이 있
으면 반드시 그 죄목에 따라 판결해야 합니다. 법령을 관리
하고 집행하는 관리가 국왕의 법을 준수하지 못한 경우가 있
으면 모두 사형을 내리고 절대로 용서하지 말며 형벌이 삼족
에까지 미치도록 해야 합니다. 같은 관청에 근무하는 사람이

범죄 사실을 알고 군주에게 고발하는 경우엔 고발자의 죄를 면해주며, 귀천에 상관없이 고발당한 장관의 관직과 작위, 녹봉 등을 고발자가 그대로 계승하도록 해줍니다. 그래서 "무거운 형벌을 내리고 연좌제를 시행하면 감히 법을 시험해보는 백성들이 없어진다"라고 말하는 것입니다. 감히 법을 시험해보는 백성들이 없어지면 더 이상 형벌을 줄 일이 없어집니다.

선왕들이 백성들 상호 간의 살육을 금지하고, 범법자의 발을 자르고 얼굴에 먹물을 새기는 형벌을 둔 까닭은 백성들에게 상처를 주려는 것이 아니라 간사함이나 잘못을 저지르지 못하도록 금지하기 위해서였습니다. 간사함이나 잘못을 저지르지 못하도록 금지하려면 형벌을 무겁게 하는 것보다 좋은 방법은 없습니다. 형벌이 무거우면서도 절대적으로 집행되면 백성들이 감히 법을 시험해보지 않을 것입니다. 그러면 나라에 형벌을 받은 백성들이 없어집니다. 그래서 "형벌이 엄정하면 살육할 필요가 없다"고 말하는 것입니다.

진(晉)나라 문공이 엄정한 형벌을 통해 백성들과 친화하려고 하였습니다. 그리하여 제후와 대부들을 모두 시천궁(侍千宮)에 모이도록 하였습니다. 그런데 총애하던 전힐(顚詰)이 그만 늦게 도착하고 말았습니다. 그는 죄를 자청했고 문공은 "법대로 처리하라"고 명령했습니다. 법 집행관이 법에 따라 등뼈를 끊었고 전힐은 목숨을 잃었습니다. 진나라 선비들은 하나같이 모두 공포에 떨며 "전힐처럼 총애를 받던 신하도 등뼈가 끊어져 목숨을 잃었는데 하물며 우리 같은 사람들이야?"라고 되뇌었습니다. 그리고 나서 조(曹)나라 및 위(衛)나라 오록(五鹿) 지역을 정벌하였으며 정(鄭)나라 성루를 무너뜨렸습니다. 진나라 군대가 통과할 수 있도록 위나라 농부들을 모두 동쪽으로 강제 이동시켜 농사짓게 하였으며, 마침내 초나라와의 성복(城濮) 전투를 대승으로 이끌었습니다. 삼군의 전사들에게 멈추라고 명령하면 발목이 잘린 듯이 그 자리에 섰고, 전진하라 명령하면 물 흐르듯 앞으로 나아갔습니다. 삼군의 전사들 가운데 그 누구도 감히 금지명령을 어기는 사람이 없었습니다. 가벼운 죄에 대해서도 무거운 형벌을 내린 전힐의 등뼈사건 하나로 진나라는 정치적 성공을 거둔 것입니다.

옛날 주공 단(旦)은 그의 형제 관숙(管叔)을 죽이고 곽숙(霍叔)을 멀리 유배 보내면서[19] "금지명령을 어긴 사람들"이라 말했습니다. 그러자 세상 사람들 모두가 "친형제도 잘못을 저지르면 법에 입각해 용서를 하지 않는데 하물며 관계가 먼 사람들은 어쩌겠는가?"라고 말했습니다. 주나라 조정에서 법 적용의 엄격함을 천하가 모두 알게 되자 세상의 질서가 바로 잡혔습니다. 그래서 "형벌이 엄정하여 극치에 이르면 마침내 형벌을 가할 일이 없어지게 된다"고 말하는 것입니다.

所謂壹刑者, 刑無等級. 自卿相將軍以至大夫庶人, 有不從王令, 犯國
소위일형자, 형무등급. 자경상장군이지대부서인, 유불종왕령, 범국

禁, 亂上制者, 罪死不赦. 有功於前, 有敗於後, 不爲損刑. 有善於前,
금, 난상제자, 죄사불사. 유공어전, 유패어후, 불위손형. 유선어선,

有過於後, 不爲虧法. 忠臣孝子有過, 必以其數斷. 守法守職之吏, 有
유과어후, 불위휴법. 충신효자유과, 필이기수단. 수법수직지리, 유

不行王法者, 罪死不赦, 刑及三族. 同官之人, 知而訐之上者, 自免於
불행왕법자, 죄사불사, 형급삼족. 동관지인, 지이알지상자, 자면어

罪. 無貴賤, 尸襲其官長之官爵田祿. 故曰: "重刑連其罪, 則民不敢
죄. 무귀천, 시습기관장지관작전록. 고왈: "중형련기죄, 즉민불감

試." 民不敢試, 故無刑也. 夫先王之禁刺殺, 斷人之足, 黥人之面, 非求
시." 민불감시, 고무형야. 부선왕지금자살, 단인지족, 경인지면, 비구

傷民也, 以禁姦止過也. 故禁姦止過, 莫若重刑. 刑重而必得, 則民不
상민야, 이금간지과야. 고금간지과, 막약중형. 형중이필득, 즉민불

敢試, 故國無刑民. 國無刑民, 故曰: "明刑不戮." 晉文公欲明刑以親
감시, 고국무형민. 국무형민, 고왈: "명형불륙." 진문공욕명형이친

百姓, 於是合諸侯大夫於侍千宮. 顚詰後至, 請其罪. 君曰: "用事焉."
백성, 어시합제후대부어시천궁. 전힐후지, 청기죄. 군왈: "용사언."

吏遂斷顚詰之脊以殉. 晉國之士, 稽焉皆懼, 曰: "顚詰之有寵也, 斷以
이수단전힐지척이순. 진국지사, 계언개구, 왈: "전힐지유총야, 단이

殉, 況於我乎?' 擧兵伐曹及五鹿, 反鄭之坤, 東衛之畝, 勝荊人於城濮.

순, 황어아호?' 거병벌조급오록, 반정지비, 동위지무, 승형인어성복.

三軍之士, 止之如斬足, 行之如流水. 三軍之士, 無敢犯禁者. 故一假

삼군지사, 지지여참족, 행지여유수. 삼군지사, 무감범금자. 고일가

道重輕於顚詰之脊, 而晉國治. 昔者周公旦殺管叔, 流霍叔, 曰: "犯禁

도중경어전힐지척, 이진국치. 석자주공단살관숙, 류곽숙, 왈: "범금

者也." 天下衆皆曰: "親昆仲有過不違, 而況疏遠乎?' 故天下知用刀

자야." 천하중개왈: "친곤중유과불위, 이황소원호?' 고천하지용도

鋸於周庭, 而海內治. 故曰: "明刑之猶, 至於無刑也."

거어주정, 이해내치. 고왈: "명형지유, 지어무형야."

　교육을 통일시킨다는 것은 지식이 넓고 말을 잘하는 사람,
청렴결백과 예악을 강조하는 사람, 덕을 수양한답시고 작당
하는 사람, 멋대로 사람됨의 높낮이를 평가하는 사람들로 하
여금 절대로 부귀해지지 못하도록 하고, 절대로 형벌에 대해
비평하지 못하도록 하며, 절대로 개인의 사적인 논의를 군주
에게 아뢰지 못하도록 해야 합니다. 강경한 자들은 굴복시켜
야 하고 민첩한 자들은 목적을 이루지 못하도록 좌절시켜야
합니다. 탁월한 지혜가 있는 자든 교묘한 재능을 지닌 자든
후덕하고 소박한 자든 아무런 공로도 없이 군주로부터 상을
받는 일이 없도록 하여야 합니다.

부귀를 얻는 길은 오직 전쟁에 참여하는 것뿐이어야 합니다. 전투에 능한 자는 부귀의 문에 올라설 수 있도록 해주고, 고집스레 전투를 거부한 자는 정해진 형벌을 받게 하고 절대로 사면해선 안 됩니다. 그러면 부모형제, 아는 사람, 처가 식구, 뜻 맞는 사람 모두 "우리가 힘써야 할 것은 전쟁뿐이야"라고 말하게 될 것입니다. 건장한 사람들은 전투에 전력을 기울일 것이고, 노약자들은 방어에 힘쓰게 될 것입니다. 전사를 해도 후회하지 않을 것이며 살아남은 자들은 애써 전투 참여를 권장할 것입니다. 이것이 바로 신이 말씀드리는 통일된 교육입니다. 백성들의 부귀에 대한 욕구는 관 뚜껑을 닫은 뒤에야 그칩니다. 부귀의 길이 반드시 전쟁을 통해서만 열리도록 해두면 백성들은 전쟁소식을 듣고 서로 축하할 것입니다. 평소 먹고살면서 부르는 노래는 모두 전쟁일 것입니다. 이것이 바로 신이 말씀드린 "교육이 엄정하여 극치에 이르면 마침내 교육할 일이 없어지게 된다"는 뜻입니다.

所謂壹敎者, 博聞 · 辯慧 · 信廉 · 禮樂 · 修行 · 羣黨 · 任譽 · 淸濁,

소위일교자, 박문 · 변혜 · 신렴 · 예악 · 수행 · 군당 · 임예 · 청탁,

不可以富貴, 不可以評刑, 不可獨立私議以陳其上. 堅者破, 銳者挫.

불가이부귀, 불가이평형, 불가독립사의이진기상. 견자파, 예자좌.

雖曰聖知巧佞厚樸, 則不能以非功罔上利. 然富貴之門, 要在戰而已

수왈성지교녕후박, 즉불능이비공망상리. 연부귀지문, 요재전이이

矣. 彼能戰者, 踐富貴之門; 彊梗者, 有常刑而不赦. 是父兄‧昆弟‧

의. 피능전자, 천부귀지문; 강경자, 유상형이불사. 시부형‧곤제‧

知識‧婚姻‧合同者, 皆曰: "務之所加, 存戰而已矣." 夫故當壯者務

지식‧혼인‧합동자, 개왈: "무지소가, 존전이이의." 부고당장자무

於戰, 老弱者務於守; 死者不悔, 生者務勸. 此臣之所謂壹教也. 民之

어전, 노약자무어수; 사자불회, 생자무권. 차신지소위일교야. 민지

欲富貴也, 共闔棺而後止. 而富貴之門, 必出於兵. 是故民聞戰而相賀

욕부귀야, 공합관이후지. 이부귀지문, 필출어병. 시고민문전이상하

也; 起居飲食所歌謠者, 戰也. 此臣之所謂 "明教之猶, 至於無教也."

야; 기거음식소가요자, 전야. 차신지소위 "명교지유, 지어무교야."

이상이 바로 신이 말씀드린 세 가지 가르침입니다. 성인은
만물의 핵심원리를 알고 있을 뿐이며, 나라를 다스릴 때는 그
핵심원리를 들어서 만물 모두가 제 역할을 다하도록 합니다.
그래서 별로 가르친 것이 없는데도 그 업적은 아주 많습니
다. 성인이 나라를 다스리는 원리를 알기는 쉽지만 실천하기
는 어렵습니다. 성인이라고 거기에 무엇을 더 덧붙일 것도
없으며, 범용한 군주가 그것을 폐기할 수도 없습니다. 사람
을 죽인 것은 포악해서가 아닙니다. 사람들에게 상을 주는
것은 인자해서가 아닙니다. 국가의 법을 그렇게 정해 놓았기
때문입니다. 성인은 반드시 업적에 따라 관직과 작위를 수여

하므로 현자들이 때를 못 만났다고 걱정할 필요가 없습니다. 성인은 잘못을 저지르면 절대로 그냥 넘어가지 않고 형벌을 감면해 주지 않으므로 간사함이 생겨날 구멍이 없습니다. 성인이 나라를 다스리는 원리는 무엇이든 한 가지로 통일시키는 것입니다.

此臣之所謂參敎也. 聖人惟能知萬物之要也, 故其治國, 擧要以致萬物. 차신지소위삼교야. 성인유능지만물지요야, 고기치국, 거요이치만물. 故寡敎而多功. 聖人治國也, 易知而難行也. 是故聖人不必加, 凡主不 고과교이다공. 성인치국야, 이지이난행야. 시고성인불필가, 범주불 必廢. 殺人不爲暴, 賞人不爲仁者, 國法明也. 聖人以功授官予爵, 故賢 필폐. 살인불위폭, 상인불위인자, 국법명야. 성인이공수관여작, 고현 者不憂. 聖人不宥過, 不赦刑, 故姦無起. 聖人治國也, 審壹而已矣. 자불우. 성인불유과, 불사형, 고간무기. 성인치국야, 심일이이의.

정책기획

* 시대변화에 맞는 적절한 정책 기획을 강조하는 전국 말기 법가의
  작품.

옛날 호영(昊英)의 시대엔 나무를 베어 쓰고 짐승을 잡아
먹었는데, 사람은 적고 나무와 짐승은 많은 수렵시대였다.
황제(黃帝)의 시대엔 새끼동물을 잡거나 알을 거두어가지 못
하도록 하였고, 관리들이 백성들을 동원하여 노동력을 충당
하지 못하도록 하였으며, 죽은 뒤에 바깥 널을 치장하여 매장
하지 못하도록 하였다. 각자 하는 일이 달라도 모두 천하의
제왕이 된 것은 시대가 달랐기 때문이다. 신농(神農)의 시대
엔 남자는 경작하여 음식을 마련하고, 여자는 직조하여 옷을

마련했으며, 형벌을 전혀 사용하지 않아도 질서가 잘 유지되었으며 전투를 치르지 않아도 천하의 제왕이 되었다. 신농이 죽은 뒤 강자가 약자를 누르고, 다수가 소수를 억누르는 상황이 도래하였다. 그래서 황제는 군신·상하의 의례를 제정하고, 부자·형제 간의 예의범절을 정하고, 부부 배필의 결합에 대한 제도를 만들었다. 안으로 형벌을 무겁게 하는 정책을 시행하고 밖으로 전쟁수단을 활용하였다. 이는 시대가 바뀌었기 때문이다. 이렇게 볼 때 신농은 황제보다 수단이 높지 못하다. 그럼에도 불구하고 그의 명성이 존중을 받는 것은 시대에 적절히 대응했기 때문이다. 전쟁으로 전쟁을 없앨 수 있다면 전쟁이 일어나도 좋으며, 사형으로 사형을 없앨 수 있다면 사형시켜도 좋고, 형벌로 형벌을 없앨 수 있다면 무거운 형벌을 내려도 좋다.

昔者昊英之世, 以伐木殺獸, 人民少而木獸多. 黃帝之世, 不麛不卵, 官
석자호영지세, 이벌목살수, 인민소이목수다. 황제지세, 불미불란, 관

無供備之民, 死不得用槨. 事不同, 皆王者, 時異也. 神農之世, 男耕而
무공비지민, 사부득용곽. 사부동, 개왕자, 시이야. 신농지세, 남경이

食, 婦織而衣, 刑政不用而治, 甲兵不起而王. 神農旣沒, 以彊勝弱, 以
식, 부직이의, 형정불용이치, 갑병불기이왕. 신농기몰, 이강승약, 이

衆暴寡. 故黃帝作爲君臣上下之義, 父子兄弟之禮, 夫婦妃匹之合; 內
중폭과. 고황제작위군신상하지의, 부자형제지례, 부부비필지합; 내

行刀鋸, 外用甲兵, 故時變也. 由此觀之, 神農非高於黃帝也, 然其名

행도거, 외용갑병, 고시변야. 유차관지, 신농비고어황제야, 연기명

尊者, 以適於時也. 故以戰去戰, 雖戰可也; 以殺去殺, 雖殺可也; 以刑

존자, 이적어시야. 고이전거전, 수전가야; 이살거살, 수살가야; 이형

存者, 이적어시야. 고이전거전, 수전가야; 이살거살, 수살가야; 이형

去刑, 雖重刑可也.

거형, 수중형가야.

옛날에 천하를 제어하는 데 능했던 사람은 반드시 먼저 자기 백성들부터 제어하였으며, 주변 강적들에게 능히 승리를 이끌어냈던 사람은 반드시 먼저 자기 백성들에게서 승리를 이끌어냈다. 백성들에게 승리를 이끌어내려면 대장장이가 쇠를 다루고 도공이 흙을 주무르듯 백성들을 통제하는 것이 기본이다. 기본이 견고하지 않으면 백성들은 나는 새나 달리는 짐승처럼 될 터인데 누가 이들을 제어할 수 있겠는가? 백성들의 기본은 법이다.

나라를 잘 다스리는 사람은 백성들을 법 안에 완전히 가두어 놓고 명성과 토지를 늘려간다. 명성이 높아지고 토지가 넓어지면서 천하의 제왕이 되는 이유는 무엇인가? 전쟁에서 승리하기 때문이다. 명성이 낮아지고 땅이 줄어들면서 망하게 되는 이유는 무엇인가? 백성들이 원치 않아 전쟁을 멈추었기 때문이다. 전쟁에 승리하지 않고 천하의 제왕이 되거나 전쟁

에 패하지 않고 망한 나라는 예나 지금이나 찾아볼 수가 없다. 백성들이 용감한 나라는 전쟁에서 승리하고, 백성들이 용감하지 않은 나라는 전쟁에서 진다. 백성들을 오직 전쟁에 전념하게 만들 수 있으면 백성들이 용감해진다. 백성들을 오직 전쟁에 전념토록 할 수 없으면 백성들은 용감해지지 않는다.

성왕은 병력에 몰두해야 천하의 제왕이 될 수 있다는 것을 알기 때문에 군사정책으로 거국적인 병역의무를 실시한다. 한 국가에 들어가서 그 정치를 관찰해 보아 백성들의 목숨이 국가를 위해 쓰이고 있으면 그 나라는 강하다. 백성들의 목숨이 국가를 위해 쓰이고 있다는 것을 어떻게 알 수 있는가? 백성들이 전쟁을 보고 배고픈 승냥이가 고기를 보듯 하면 그 나라 백성들의 목숨은 국가를 위해 쓰이고 있는 것이다. 전쟁이란 사람들이 싫어하는 일이다. 그럼에도 불구하고 백성들을 즐겁게 전쟁에 참여시킬 수 있는 사람은 천하의 제왕이 될 수 있다.

강한 나라의 백성들은 아버지가 아들을, 형이 아우를, 아내가 남편을 전쟁터로 내보내면서 한결같이 "적의 목을 베지 못하면 돌아오지 마라"고 얘기한다. "법령을 어기면 너나 나나 다 죽으니 우리 고을에서 단죄를 청하자"고 말하기도 한다. 행렬과 대오 사이에 도망갈 구석이라곤 전혀 없으며, 죄를 짓고 숨어서 이사를 가도 들어갈 곳이 전혀 없어야 한다.

행렬과 대오 사이의 통제는 다섯 명씩 짝을 지어서 깃발을 세워 구별하고 법령으로 단속한다. 그러면 졸전을 치르고는 살아갈 곳이 없게 되고, 전쟁을 싫어하는 사람이 생겨날 곳이 없게 된다. 그리하면 삼군의 부대가 명령에 따라 물 흐르듯 나아가고 죽어도 물러서지 않게 된다.

昔之能制天下者, 必先制其民者也; 能勝彊敵者, 必先勝其民者也. 故석지능제천하자, 필선제기민자야; 능승강적자, 필선승기민자야. 고勝民之本在制民, 若治於金, 陶於土也. 本不堅, 則民如飛鳥走獸, 其승민지본재제민, 약야어금, 도어토야. 본불견, 즉민여비조주수, 기孰能制? 民本, 法也. 故善治者, 塞民以法, 而名地作矣. 名尊地廣以숙능제지? 민본, 법야. 고선치자, 색민이법, 이명지작의. 명존지광이至於王者, 何故? 戰勝者也. 名卑地削以至於亡者, 何故? 戰罷者也.지어왕자, 하고? 전승자야. 명비지삭이지어망자, 하고? 전파자야.不勝而王, 不敗而亡者, 自古及今, 未嘗有也. 民勇者, 戰勝; 民不勇者,불승이왕, 불패이망자, 자고급금, 미상유야. 민용자, 전승; 민불용자,戰敗. 能壹民於戰者, 民勇; 不能壹民於戰者, 民不勇. 聖王見王之致전패. 능일민어전자, 민용; 불능일민어전자, 민불용. 성왕견왕지치於兵也, 故舉國而責之於兵. 入其國, 觀其治, 民用者彊. 奚以知民之어병야, 고거국이책지어병. 입기국, 관기치, 민용자강. 해이지민지見用者也? 民之見戰也, 如餓狼之見肉, 則民用矣. 凡戰者, 民之所惡견용자야? 민지견전야, 여아랑지견육, 즉민용의. 범전자, 민지소오

也; 能使民樂戰者, 王. 彊國之民, 父遺其子, 兄遺其弟, 妻遺其夫, 皆
야; 능사민락전자, 왕. 강국지민, 부유기자, 형유기제, 처유기부, 개

曰: "不得, 無返." 又曰: "失法離令, 若死我死, 鄕治之." 行間無所逃,
왈: "부득, 무반." 우왈: "실법리령, 약사아사, 향치지." 행간무소도,

遷徙無所入. 行間之治, 連以五, 辨之以章, 束之以令, 拙無所處, 罷無
천사무소입. 행간지치, 연이오, 변지이장, 속지이령, 졸무소처, 파무

所生. 是以三軍之衆, 從令如流, 死而不旋踵.
소생. 시이삼군지중, 종령여류, 사이불선종.

국가가 혼란스러운 것은 법령이 혼란스러워가 아니며 법
령이 시행되지 않아서도 아니다. 어떤 국가든 법은 있지만
그 법이 반드시 실천되도록 만들 방법은 없다. 어떤 국가든
간악함을 금지하고 도적에게 형벌을 내리는 법은 있으나 그
간악함이나 도적이 반드시 붙잡히도록 할 방법은 없다. 간악
한 행위나 도적질을 하는 사람을 사형시켜도 간악한 행위와
도적이 그치지 않는 까닭은 반드시 붙잡히는 것이 아니기 때
문이다. 반드시 붙잡히는데도 여전히 간사한 행위와 도적이
있는 까닭은 형벌이 가볍기 때문이다. 형벌이 가볍다는 것은
사형까지는 하지 않는다는 말이다. 반드시 붙잡힌다는 것은
형벌을 받는 사람만 많다는 말이다.

　나라를 잘 다스리는 사람은 착하지 않은 사람에게 형벌을

주되 착한 사람에게 상을 주지 않는다. 그 결과 형벌을 쓰지 않아도 백성들이 착하게 된다. 형벌을 쓰지 않아도 백성들이 착하게 되는 것은 형벌이 무겁기 때문이다. 형벌이 무거우면 백성들이 감히 법을 어기지 않으므로 마침내 형벌이 필요없게 된다. 그 어떤 백성도 감히 그릇된 행동을 하지 않게 되므로 한 국가 전체가 착해진다. 그러니 착한 사람에게 상을 주지 않아도 모든 백성들이 착하게 된다. 착한 사람에게 상을 주어선 안 되는 것은 마치 도둑질하지 않았다고 상을 주는 것과 같다.

나라를 잘 다스리는 사람은 천하의 날강도인 도척(盜跖)까지도 믿을 만한 사람으로 만드는데, 하물며 백이(伯夷)같이 착한 사람에게 있어서야 오죽 하겠는가? 나라를 잘 다스리지 못하는 사람은 백이마저 의심스러운 사람으로 만드는데 도척 같은 사람이야 오죽 하겠는가? 국가 정세가 도저히 간악한 행위를 못하도록 할 수 있으면 도척도 믿을 만한 사람이 될 터이고, 국가 정세가 간악한 행위를 그대로 둔다면 백이라도 의심받게 될 것이다.

> 國之亂也, 非其法亂也, 非法不用也. 國皆有法, 而無使法必行之法.
> 국지란야, 비기법란야, 비법불용야. 국개유법, 이무사법필행지법.
> 國皆有禁姦邪刑盜賊之法, 而無使姦邪盜賊必得之法. 爲姦邪盜賊者,
> 국개유금간사형도적지법, 이무사간사도적필득지법. 위간사도적자,

死刑, 而姦邪盜賊不止者, 不必得也. 必得, 而尙有姦邪盜賊者, 刑輕

사형, 이간사도적부지자, 불필득야. 필득, 이상유간사도적자, 형경

也. 刑輕者, 不得誅也. 必得者, 刑者衆也. 故善治者, 刑不善, 而不賞

야. 형경자, 부득주야. 필득자, 형자중야. 고선치자, 형불선, 이불상

善, 故不刑而民善. 不刑而民善, 刑重也. 刑重者, 民不敢犯, 故無刑也.

선, 고불형이민선. 불형이민선, 형중야. 형중자, 민불감범, 고무형야.

而民莫敢爲非, 是一國皆善也. 故不賞善, 而民善. 賞善之不可也, 猶

이민막감위비, 시일국개선야. 고불상선, 이민선. 상선지불가야, 유

賞不盜. 故善治者, 使跖可信, 而況伯夷乎? 不能治者, 使伯夷可疑, 而

상부도. 고선치자, 사적가신, 이황백이호? 불능치자, 사백이가의, 이

況跖乎? 勢不能爲姦, 雖跖可信也; 勢得爲姦, 雖伯夷可疑也.

황척호? 세불능위간, 수척가신야; 세득위간, 수백이가의야.

어떤 나라는 정말 잘 다스려지고, 어떤 나라는 정말 혼란스럽다. 현명한 군주가 위에 있으면서 반드시 똑똑한 사람만 뽑아서 쓰면, 법이 그 똑똑한 사람의 손에 있게 될 것이다. 법이 똑똑한 사람의 손에 있으면서 저 아래까지 행해지면 어리석은 사람들이 감히 그릇된 행위를 하지 못하게 될 것이다. 이를 가리켜 정말 잘 다스려진다고 말한다. 현명하지 못한 군주가 위에 있으면서 꼭 어리석은 사람만 뽑아서 쓰거나, 나라에 분명한 법령이 없이 어리석은 사람들이 제멋대로 못된

짓을 일삼는 나라를 가리켜 정말 혼란스럽다고 말한다. 어떤 군대는 정말 강하고, 어떤 군대는 정말 약하다. 백성들이 본래부터 전쟁을 원해 전투를 치르지 않을 수 없는 나라를 가리켜 정말 강하다고 말한다. 백성들이 본래부터 전쟁을 원치 않아 전투를 치르지 못하는 나라를 가리켜 정말 약하다고 말한다.

國或重治, 或重亂. 明主在上, 所擧必賢, 則法可在賢. 法可在賢, 則法
국혹중치, 혹중란. 명주재상, 소거필현, 즉법가재현. 법가재현, 즉법
在下, 不肖不敢爲非, 是謂重治. 不明主在上, 所擧必不肖; 國無明法,
재하, 불초불감위비, 시위중치. 불명주재상, 소거필불초; 국무명법,
不肖者敢爲非, 是謂重亂. 兵或重彊, 或重弱. 民固欲戰, 又不得不戰,
불초자감위비, 시위중란. 병혹중강, 혹중약. 민고욕전, 우부득불전,
是謂重彊. 民固不欲戰, 又得無戰, 是謂重弱.
시위중강. 민고불욕전, 우득무전, 시위중약.

현명한 군주는 부와 귀를 신하들에게 넘치게 주지 않는다. 부유하다는 것은 곡식이나 보석을 준다는 말이 아니며, 귀하다는 것은 작위와 관직을 준다는 말이 아니다. 법을 어기면서 사사로이 작위와 녹봉을 주어 부귀하게 되는 경우를 가리킨 말이다. 한 군주의 덕행이 모든 사람을 넘어설 수 없고, 한 군주의 지혜가 모든 사람을 넘어설 수 없으며, 한 군주의

날쌘 힘이 모든 사람을 초월할 수는 없다. 그런데 백성들 가운데 아무리 성스러운 지혜를 소유한 자가 있다고 하더라도 감히 군주를 함부로 하지는 못하며, 아무리 강한 힘이 있다고 하더라도 감히 군주를 죽일 수는 없으며, 아무리 숫자가 많더라도 그들이 군주를 이길 수 없다. 백성들이 수억만에 이르고 아무리 큰 상을 걸어두었다 하더라도 백성들이 감히 서로 다투지 못하고, 벌을 행하는 것에 백성들이 감히 원망하는 자가 없는 것은 법이 있기 때문이다.

국가가 혼란스러우면 백성들 대부분이 사적인 판단을 내리며, 군대가 약한 나라의 백성들은 대부분 사적인 싸움을 많이 한다. 그런 나라는 쇠약해진다. 국가적으로 작위와 녹봉을 얻는 길이 다양하다면 그 나라는 망한다. 작위를 천시하고 녹봉을 가벼이 여기려 드는 사람, 일하지 않고 먹을 것을 구하려는 사람, 전쟁에 참여하지 않고 영예를 얻으려는 사람, 작위가 없으면서도 존중받으려는 사람, 녹봉도 못 받으면서 부유해지려는 사람, 관직이 없으면서도 높은 자리를 차지하려는 사람 등을 가리켜 간악한 백성[姦民]이라고 부른다.

정치를 잘하는 군주에겐 충신이 따로 없다. 자애로운 아버지에겐 효자가 따로 없다. 착하다, 잘한다 따위의 말을 없게 만들려면 모든 것을 법에 입각해 서로 관리감독하고, 명령에 입각해 서로를 고쳐주도록 하여 혼자서 나쁜 짓을 저지를 수 없게 만들고, 다른 사람이 나쁜 짓을 저지르도록 도와주는 일도 없게 만들어야 한다. 부유하다는 말은 수입이 많고 지출이 적다는 얘기다. 의식주에 제한을 두고 음식을 절제한다면 지출이 적을 것이다. 여자가 집안에서 가사에 온 힘을 기울이고, 남자가 밖에서 하는 일에 온 힘을 기울인다면 수입이 많을 것이다.

明主不濫富貴其臣. 所謂富者, 非粟米珠玉也; 所謂貴者, 非爵位官職也, 廢法作私爵祿之富貴. 凡人主悳行非出人也, 知非出人也, 勇力非也.
명주불람부귀기신. 소위부자, 비속미주옥야; 소위귀자, 비작위관직야, 폐법작사작록지부귀. 범인주덕행비출인야, 지비출인야, 용력비과야.

然民雖有聖知, 弗敢我謀; 勇力, 弗敢我殺; 雖衆, 不敢勝其主;
연민수유성지, 불감아모; 용력, 불감아살; 수중, 불감승기주;

雖民至億萬之數, 縣重賞而民不敢爭, 行罰而民不敢怨者, 法也. 國亂者, 民多私義; 兵弱者, 民多私勇, 則削. 國之所以取爵祿者多塗, 亡國.
수민지억만지수, 현중상이민불감쟁, 행벌이민불감원자, 법야. 국란자, 민다사의; 병약자, 민다사용, 즉삭. 국지소이취작록자다도, 망국.

人之欲賤爵輕祿, 不作而食, 不戰而榮, 無爵而尊, 無祿而富, 無官而長, 此之謂姦民. 所謂治主無忠臣, 慈父無孝子. 欲無善言, 皆以法相司
인지욕천작경록, 부작이식, 부전이영, 무작이존, 무록이부, 무관이장, 차지위간민. 소위치주무충신, 자부무효자. 욕무선언, 개이법상사

也, 命相正也, 不能獨爲非, 而莫與人爲非. 所謂富者, 入多而出寡. 衣
야, 명상정야, 불능독위비, 이막여인위비. 소위부자, 입다이출과. 의
食有制, 飮食有節, 則出寡矣. 女事盡於內, 男事盡於外, 則入多矣.
식유제, 음식유절, 즉출과의. 여사진어내, 남사진어외, 즉입다의.

군주가 투명하게 깊은 관찰을 하여 보지 않는 곳이 없을
정도가 되면 뭇 신하들이 감히 간사한 행위를 못하고, 백성들
이 그릇된 행동을 하지 못할 것이다. 그렇게 되면 군주는 넓
고 편안한 침대에 누워 관현악 소리만 듣고 있어도 천하가 잘
다스려진다. 군주가 투명하게 깊은 관찰을 하여 온 세상 사
람들로 하여금 어쩔 수 없이 일을 하도록 만들어야 한다.

군주가 강하다는 것은 천하 사람들을 제압할 수 있다는 말
이다. 천하 사람들을 제압할 수 있기 때문에 온 세상의 힘을
하나로 모을 수 있다. 그러면 아무리 강하고 날쌘 사람이라
하더라도 함부로 폭력을 행사할 수 없으며, 아무리 성스럽고
지혜로운 사람이라 하더라도 함부로 남을 우롱하는 짓을 할
수 없게 된다. 생각이 주도면밀하여 천하 사람들의 힘을 두
루 이용할 수 있는 사람은 자기가 좋아하는 일을 하지 못하는
경우가 없을 것이고, 자기가 싫어하는 일을 피하지 못하는 경
우가 없을 것이다.

군주가 강하다는 것은 날쌔고 힘있는 사람들로 하여금 자

신을 위해 일하지 않을 수 없도록 만든다는 말이다. 그의 뜻이 만족하면 천하 사람들이 더욱더 만족스럽게 해주고, 만족하지 못하면 천하 사람들이 힘써 그를 만족시키려 한다. 천하 사람들의 힘에 의존하려는 사람은 천하가 그를 버릴 것이며, 스스로의 강함에 의지하는 사람은 천하를 얻을 것이다. 천하를 얻은 사람은 먼저 스스로 강함을 얻은 사람이고, 강적을 제압할 수 있는 사람은 먼저 자신을 이길 수 있는 사람이다.

> 所謂明者, 無所不見, 則羣臣不敢爲姦, 百姓不敢爲非. 是以人主處匡
> 소위명자, 무소불견, 즉군신불감위간, 백성불감위비. 시이인주처광
>
> 牀之上, 聽絲竹之聲, 而天下治. 所謂明者, 使衆不得不爲. 所謂彊者,
> 상지상, 청사죽지성, 이천하치. 소위명자, 사중부득불위. 소위강자,
>
> 天下勝; 天下勝, 是故合力. 是以勇彊不敢爲暴, 聖知不敢爲詐. 而處
> 천하승; 천하승, 시고합력. 시이용강불감위폭, 성지불감위사. 이려
>
> 周兼天下之衆, 莫敢不爲其所好, 而避其所惡. 所謂彊者, 使勇力不得
> 주겸천하지중, 막감불위기소호, 이피기소오. 소위강자, 사용력부득
>
> 不爲己用. 其志足, 天下益之; 不足, 天下說之. 恃天下者, 天下去之;
> 불위기용. 기지족, 천하익지; 부족, 천하열지. 시천하자, 천하거지;
>
> 自恃者, 得天下. 得天下者, 先自得者也; 能勝彊敵者, 先自勝者也.
> 자시자, 득천하. 득천하자, 선자득자야; 능승강적자, 선자승자야.

성인은 반드시 그렇게 되는 이치와 반드시 만들어 가야 하

는 시세를 잘 알고 있다. 그래서 반드시 질서가 잡히도록 정치를 하며, 반드시 용감하게 전쟁에 참여하도록 백성들을 이끌며, 반드시 복종할 수 있도록 명령을 내린다. 그러므로 군대가 한 번 나아가면 천하무적이 되고, 명령이 한 번 내려지면 온 세상이 복종하게 된다. 신선이 타고 다니는 황곡(黃鵠)은 한 번 날개 짓으로 천 리를 나는데, 이는 멀리 날 수 있도록 몸의 준비가 갖추어져 있기 때문이다. 천하의 명마인 기린(騏驎)과 녹이(騄駬)는[20] 하루에 천 리를 달리는데, 이는 잘 달릴 수 있도록 체형이 갖추어져 있기 때문이다. 호랑이 · 표범 · 큰 곰 등이 사납게 나서면 아무도 덤비지 못하는데, 이는 어떤 동물이 승리할 수 있도록 자연의 이치가 되어 있기 때문이다.

성인은 바로 그러한 기본적인 정치적 도리를 꿰뚫고 있으며, 반드시 그렇게 되는 이치를 잘 알고 있다. 그래서 성인은 높낮이로 물의 흐름을 통제하고 건조함과 습함의 정도를 이용하여 불을 통제하듯이 백성들을 제어한다. 어진 사람은 다른 사람에게 어진 마음을 베풀 수는 있으나 다른 사람을 어질게 할 수는 없다. 의로운 사람은 다른 사람에게 사랑을 베풀 수는 있으나 다른 사람을 사랑하게 할 수는 없다. 이렇게 보면 인의로 천하를 다스리기에는 많이 모자란다.

성인은 세상 사람들 모두가 반드시 믿게 되는 성품을 지니고 있으며, 천하로 하여금 믿지 않을 수 없도록 하는 방법도 가지고 있다. 의라고 일컫는 것은 신하된 사람의 충성, 자식 된 자의 효도, 아이와 어른 사이의 예절, 남녀 간 구별 따위를 말한다. 의리에 맞지 않다고 하는 것은 배가 고프면서도 구차하게 음식을 구걸하지 않는다거나, 죽게 되었으면서도 구차하게 삶을 구걸하지 않는 따위를 말한다. 이 모든 것들은 법으로 정해 모두에게 적용하는 보편적인 규정으로 만들어 두어야 한다. 성왕은 의로움을 중시하지 않고 법을 중시한다. 법은 반드시 엄정하고 분명해야 하며, 명령은 반드시 실행되어야 한다. 그러면 충분하다.

聖人知必然之理, 必爲之時勢; 故爲必治之政, 戰必勇之民, 行必聽之
성인지필연지리, 필위지시세; 고위필치지정, 전필용지민, 행필청지
令. 是以兵出而無敵, 令行而天下服從. 黃鵠之飛, 一擧千里, 有必飛
령. 시이병출이무적, 영행이천하복종. 황곡지비, 일거천리, 유필비
之備也. 騏驥騄駬, 日行千里, 有必走之勢也. 虎豹熊羆, 鷙而無敵,
지비야. 기린녹이, 일행천리, 유필주지세야. 호표웅비, 지이무적,
有必勝之理也. 聖人見本然之政, 知必然之理, 故其制民也, 如以高下
유필승지리야. 성인견본연지정, 지필연지리, 고기제민야, 여이고하
制水, 如以燥溼制火. 故曰: 仁者能仁於人, 而不能使人仁; 義者能愛
제수, 여이조습제화. 고왈: 인자능인어인, 이불능사인인; 의자능애

於人, 而不能使人愛. 是以知仁義之不足以治天下也. 聖人有必信之

어인, 이불능사인애. 시이지인의지부족이치천하야. 성인유필신지

性, 又有使天下不得不信之法. 所謂義者, 爲人臣忠, 爲人子孝, 少長

성,우유사천하부득불신지법. 소위의지, 위인신충, 위인자효, 소장

有禮, 男女有別; 非其義也, 餓不苟食, 死不苟生. 此乃有法之常也. 聖

유례, 남녀유별; 비기의야, 아불구식, 사불구생. 차내유법지상야. 성

王者, 不貴義而貴法 – 法必明, 令必行, 則已矣.

왕자, 불귀의이귀법 – 법필명, 영필행, 즉이의.

정분(定分) 제26편

명분을 확정하라

* 법을 만든 뒤 법을 어떻게 관리할 것인가를 다룬 전국 후기 상앙 추종자의 작품.

진효공이 상앙에게 물었다. "시대적 수요를 잘 반영하여 법령을 이미 만들었으면, 다음날 이를 천하의 모든 관리와 백성들에게 전체적으로 숙지시키고 통일시켜 적용토록 하되, 그 어떤 사적인 판단도 개입하지 않도록 만들려면 어떻게 해야 할까요?"

公問於公孫鞅曰:"法令以當時立之者, 明旦欲使天下之吏民, 皆明知

공문어공손앙왈: "법령이당시입지자, 명단욕사천하지이민, 개명지

而用之如一而無私, 奈何?

이용지어일이무사, 내하?

　상앙이 대답하였다. 법령을 실행하기 위해 전문 관직을 설치하고 전문 관리를 선발해야 합니다. 천부적으로 법령의 뜻을 충분히 이해하고 있는 사람으로서 천하의 표준이 될 만한 사람을 천자에게 주청해 올리면, 천자는 명분에 입각해 임명합니다. 이들로 하여금 법령을 관장토록 하며, 엎드려 군주의 명령을 받아 관직에 나아가도록 합니다. 법령을 관장하는 각 관리들이 감히 자기가 관장하는 법령의 규정조항을 어겼을 경우, 그가 어긴 법령의 규정조항에 따라 각각 단죄해야 합니다. 법령을 관장하는 관리가 자리이동을 했거나 죽었을 경우, 즉각 법령을 배우고 있는 사람으로 하여금 법령규정을 해독하게 하고 일정한 학습진도 계획을 정해놓습니다. 그리고 수일 내로 법령규정들을 모두 숙지하도록 합니다. 정해진 진도를 따라가지 못하면 따로 법령을 만들어 처벌해야 합니다. 감히 법령을 뜯어고치거나 한 글자 이상이라도 빼고 더한 경우는 사형시키고 절대로 용서하지 말아야 합니다.

　여러 관리나 백성들이 법령규정에 대하여 법령을 주관하는 관리에게 물어보면 언제든 각자 원래 묻고자 했던 법령에 입각하여 확실하게 알려주도록 해야 합니다. 각기 1척 6촌 길이의 신표를 만들어 연 월 일 시와 물어본 법령의 이름을 명확히 기재한 뒤 관리나 백성들에게 알려주도록 합니다. 법령을 관장하는 관리가 다른 관리나 백성들이 물어 본 법령규정을 알려주지 않았다면, 언제든 관리나 백성들이 물어보았던 바로 그 법령의 처벌규정에 입각해 법령을 관장하는 관리를 각각 단죄해야 합니다. 법령을 관장하는 관리는 신표를 반으로 나누어 왼쪽 신표를 법령규정을 물어보았던 관리나 백성들에게 주고, 법령을 관장하는 관리는 신중하게 그 오른쪽 신표를 나무 상자에 집어넣어 따로 마련한 방에다 보관토록 합니다. 그리고 법령을 관장하는 관리의 장이 도장을 찍어 봉인토록 합니다. 나중 법령을 주관하는 관리가 죽는 일이 생기더라도 그 신표를 대조해서 처리하면 될 것입니다.

公孫鞅曰: 爲法令, 置官置吏樸足以知法令之謂, 以爲天下正者, 則奏
공손앙왈: 위법령, 치관치리박족이지법령지위, 이위천하정자, 즉주
天子; 天子名, 則主法令之民, 皆降受命發官. 各主法令之民, 敢忘行
천자; 천자명, 즉주법령지민, 개강수명발관. 각주법령지민, 감망행
主法令之所謂之名, 各以其所忘之法令名, 罪之. 主法令之吏有遷徙物
주법령지소위지명, 각이기소망지법령명, 죄지. 주법령지리유천사물
故, 輒使學者讀法令所謂, 爲之程式, 使數日而知法令之所謂; 不中程,
고, 첩사학자독법령소위, 위지정식, 사수일이지법령지소위; 부중정,

爲法令以罪之. 有敢剟定法令, 損益一字以上, 罪死不赦. 諸官吏及民

위법령이죄지. 유감철정법령, 손익일자이상, 죄사불사. 제관리급민

有問法令之所謂於主法令之吏, 皆各以其故所欲問之法令明告之. 各

유문법령지소위어주법령지리, 개가이기고소욕문지법령명고지. 각

爲尺六寸之符, 書明年月日時所問法令之名, 以告吏民. 主法令之吏,

위척육촌지부, 서명년월일시소문법령지명, 이고이민. 주법령지리,

不告吏民之所問法令之所謂, 皆以吏民之所問法令之罪, 各罪主法令

불고이민지소문법령지소위, 개이이민지소문법령지죄, 각죄주법령

之吏. 卽以左券予吏民之問法令者, 主法令之吏, 謹藏其右券木柙, 以

지리. 즉이좌권여이민지문법령자, 주법령지리, 근장기우권목합, 이

室藏之, 封以法令之長印. 卽後有物故, 以券書從事.

실장지, 봉이법령지장인. 즉후유물고, 이권서종사.

　모든 법령은 부본을 따로 두어야 합니다. 부본 하나는 천자의 궁궐 안에 둡니다. 법령을 보관하기 위해 따로 금실(禁室)을 마련해야 합니다. 열쇠로 잠그고 출입을 금지시키며 봉인해야 합니다. 그 안에 법령을 보관합니다. 그리고 또 하나의 부본을 금실 안에 두고 금지도장을 찍어 봉인합니다. 멋대로 금실의 봉인을 뜯어내고 금실에 들어가 열람이 금지된 법령을 훔쳐보거나 금지법령을 한 글자 이상이라도 고치는 사람은 모두 사형시키고 절대로 용서하지 말아야 합니다.

관리나 백성들이 1년에 한 번씩 받는 법령은 금실 안의 법령을 기준으로 삼습니다.

천자는 세 개의 법관을 설치해야 합니다. 궁궐 안에 법관을 하나 두고, 어사대부(御史大夫)의 산하에 법관 및 법리를 하나씩 두고, 승상 산하에 법관을 하나 둡니다. 제후들이나 군(郡)·현(縣) 모든 곳에 각각 법관 및 법리 하나씩을 두도록 하되 모두 진나라 수도와 동일해야 합니다. 군·현 제후들은 금실의 법령을 모두 동일하게 받아 그 법령규정들을 묻고 배워야 합니다. 관리나 백성들 가운데 법령에 대해 알고 싶은 사람은 모두 법관에게 물어보도록 합니다. 그리하여 천하의 관리와 백성들이 법에 대해 모르는 사람이 없도록 합니다.

관리들은 백성들이 법령에 대해 알고 있다는 사실을 잘 알기 때문에 감히 법에 맞지 않게 백성들을 다루지 못할 것입니다. 백성들 또한 감히 법을 어기면서 법관에게 대들지 못하게 될 것입니다. 만약 관리들이 법에 입각하지 않고 백성들을 대한다면 백성들이 직접 법관에게 물어볼 수 있습니다. 법관은 즉각 법령규정에 의거해 정해진 죄목을 그에게 알려주어야 하고, 백성들은 즉각 법관의 말을 해당 관리에게 똑바로 알려주어야 합니다. 백성들이 이와 같이 할 것이라는 사실을 관리들은 잘 알고 있으므로 감히 법에 맞지 않게 백성들을 다루는 관리가 없을 것이며, 백성들 또한 감히 법을 어기지 못할 것입니다. 그렇게 되면 천하의 관리나 백성들 가운데 제아무리 어질고 똑똑하고 말 잘하는 사람이 있다 하더라도 감히 법을 왜곡하는 한마디도 못하게 될 것입니다. 천금의 재산이 있다고 하더라도 단 1전의 뇌물을 쓸 수 없을 것입니다. 지혜롭고 말을 잘 꾸며대는 똑똑하고 유능한 사람들 모두가 법을 잘 지키는 착한 사람이 되어 애써서 스스로 질서를 지키고 공적인 일을 중시하게 될 것입니다.

法令皆副置. 一副天子之殿中, 爲法令爲禁室, 有鍵鑰爲禁而以封之,
법령개부치. 일부천자지전중, 위법령위금실, 유건약위금이이봉지,
內藏法令, 一副禁室中, 封以禁印. 有擅發禁室印, 及入禁室視禁法令,
내장법령, 일부금실중, 봉이금인. 유천발금실인, 급입금실시금법령,
及刻禁一字以上, 罪皆死不赦. 一歲受法令以禁令. 天子置三法官; 殿
급철금일자이상, 죄개사불사. 일세수법령이금령. 천자치삼법관; 전
中置一法官, 御史置一法官及吏, 丞相置一法官, 諸侯郡縣皆各爲置一
중치일법관, 어사치일법관급리, 승상치일법관, 제후군현개각위치일
法官及吏, 皆比秦一法官. 郡縣諸侯一受禁室之法令, 幷學問所謂. 吏
법관급리, 개비진일법관. 군현제후일수금실지법령, 병학문소위. 이
民欲知法令者, 皆問法官, 故天下之吏民, 無不知法者. 吏明知民知法
민욕지법령자, 개문법관, 고천하지이민, 무부지법자. 이명지민지법
令也, 故吏不敢以非法遇民, 民不敢犯法以干法官也. 吏遇民不循法,
령야, 고리불감이비법우민, 민불감범법이간법관야. 이우민불순법,

則問法官, 法官卽以法之罪告之, 民卽以法官之言正告之吏. 吏知其如

즉문법관, 법관즉이법지죄고지, 민즉이법관지언정고지리. 이지기여

此, 故吏不敢以非法遇民, 民又不敢犯法. 如此, 則天下之吏民, 雖有

차, 고이불감이비법우민, 민우불감범법. 여차, 즉천하지이민, 수유

賢良辯慧, 不敢開一言以枉法; 雖有千金, 不能以用一銖. 故知詐賢能

현량변혜, 불감개일언이왕법; 수유천금, 불능이용일수. 고지사현능

者皆作而爲善, 皆務自治奉公.

자개작이위선, 개무자치봉공.

백성들이 어리석을 정도로 순박하면 쉽게 다스려집니다.
법령이 명백하고 쉽게 알 수 있으면서 반드시 실행될 경우에
그런 결과가 나타납니다. 법령은 백성들의 목숨이자 세상을
다스리는 근본입니다. 그것이 사람들을 지켜주기 때문입니
다. 세상을 다스리고자 하면서 법령을 폐기하는 것은 배곯지
않으려 하면서 음식을 버리는 것과 같습니다. 추위에 떨고
싶지 않으면서 옷을 버리는 것과 같습니다. 동쪽으로 가고자
하면서 서쪽으로 발걸음을 내딛는 행위와 같이 목적을 이루
지 못할 것이 불 보듯 뻔합니다.

토끼 한 마리가 달아나는데 백 명이 그것을 쫓는 것은 단
순히 그 토끼 한 마리 때문이 아닙니다. 물건 파는 사람이 시
장에 가득하지만 도둑이 무엇 하나 훔칠 수 없는 것은 법에

따라 명분이 이미 정해져 있기 때문입니다. 명분을 명확히 정해주지 않으면 요임금·순임금·우임금·탕임금 같은 성인이라도 주인 없는 토끼를 서로 잡으려고 어지러이 달려들 것입니다. 그런데 명분을 명확히 정해 제한한다면 탐욕스런 도둑이라도 그것을 탐하지 않을 것입니다. 요즘 법령이 명확하지 않고 명분이 정해지지 않아 세상 사람들이 너도나도 논란을 벌이고 있습니다. 사람마다 논점이 달라 정해진 결론이 없습니다. 군주가 위에서 법을 만드는데 아래에서 어린 백성들이 논란을 벌이고 있으니, 이는 법령이 확정되지 않아 아랫사람이 윗사람 노릇을 하기 때문입니다. 명분의 불확정이란 이를 두고 하는 말입니다. 명분을 확정하지 못하면 요임금·순임금이라도 타락하여 간사하게 될 터인데 하물며 보통사람들은 어쩌겠습니까? 이는 간악함이 크게 횡행하여 군주가 위세를 빼앗기게 되는 망국의 길이자 사직을 무너뜨리는 일입니다.

옛날 성인들이 지은 책이 후세에 전해진 것은 반드시 스승이 있어 전수해 주었기 때문입니다. 그리하여 이른바 명(名)의 의미를 이해할 수 있었던 것입니다. 스승이 전수해 주지 않고 사람마다 제 마음 내키는 대로 논란을 한다면 죽어도 이름과 그것이 갖는 의미를 이해할 수 없을 것입니다. 그래서 성인은 반드시 법령을 만들고 그것을 관장하는 전문 법관과 전문 관리를 두어 온 세상의 스승으로 삼습니다. 그 목적은 명분을 확정짓는 데 있습니다. 명분이 확정되면 제아무리 큰 사기꾼이라 하더라도 올바르게 되고 백성들 모두가 성실해질 것이며 각자가 스스로 질서를 잡아갈 것입니다. 명분의 확정은 형세를 안정시키는 길이고, 명분의 불확정은 형세를 혼란스럽게 만드는 길입니다. 형세가 안정되면 혼란스러울 수가 없으며, 형세가 혼란스러우면 다스려질 수가 없습니다. 형세가 혼란스러운데 이를 다스리려 하면 더욱 혼란을 가중시키게 됩니다. 성인은 형세를 안정되게 다스리지 형세를 혼란스럽게 다스리지 않습니다.

民愚則易治也, 此皆生於法明白易知而必行. 法令者, 民之命也, 爲治
민우즉이치야, 차개생어법명백이지이필행. 법령자, 민지명야, 위치
之本也, 所以備民也. 爲治而去法令, 猶欲無饑而去食也, 欲無寒而去
지본야, 소이비민야. 위치이거법령, 유욕무기이거식야, 욕무한이거
衣也, 欲東西行也, 其不幾亦明矣. 一兎走, 百人逐之, 非以兎也. 夫賣
의야, 욕동서행야, 기불기역명의. 일토주, 백인축지, 비이토야. 부매
者滿市, 而盜不敢取, 由名分已定也. 故名分未定, 堯・舜・禹・湯且
자만시, 이도불감취, 유명분이정야. 고명분미정, 요・순・우・탕차
皆如鶩焉而逐之; 名分已定, 貪盜不取. 今法令不明, 其名不定, 天下之
개여무언이축지; 명분이정, 탐도불취. 금법령불명, 기명부정, 천하지

人得議之, 其議人異而無定. 人主爲法於上, 下民議之於下, 是法令不定,

인득의지, 기의인이이무정. 인주위법어상, 하민의지어하, 시법령부정,

以下爲上也. 此所謂名分之不定也. 夫名分不定, 堯・舜猶將皆折而姦

이하위상야. 차소위명분지부정야. 부명분부정, 요・순유장개절이간

之, 而況衆人乎? 此令姦惡大起, 人主奪威勢, 亡國滅社稷之道也. 今

지, 이황중인호? 차령간악대기, 인주탈위세, 망국멸사직지도야. 금

先聖人爲書, 而傳之後世, 必師受之, 乃知所謂之名; 不師受之, 而人以

선성인위서, 이전지후세, 필사수지, 내지소위지명; 불사수지, 이인이

其心意議之, 至死不能知其名與其意. 故聖人必爲法令置官也, 置吏也,

기심의의지, 지사불능지기명여기의. 고성인필위법령치관야, 치리야,

爲天下師, 所以定名分也. 名分定, 則大詐貞信, 民皆愿慤, 而各自治

위천하사, 소이정명분야. 명분정, 즉대사정신, 민개원각, 이각자치

也. 故夫名分定, 勢治之道也; 名分不定, 勢亂之道也. 故勢治者不可亂,

야. 고부명분정, 세치지도야; 명분부정, 세란지도야. 고세치자불가란,

勢亂者不可治. 夫勢亂而治之愈亂, 勢治而治之則治. 故聖人治治不

세란자불가치. 부세란이치지유란, 세치이치지즉치. 고성인치치불

治亂.

치란.

　　미묘하고 의미심장한 말은 최고 지혜의 소유자라도 이해
하기 어렵습니다. 법령 규정을 표준으로 삼지 않은 채 단 하

나의 부당한 행위도 하지 않는 사람은 천만 명 가운데 한 사람 정도일 것입니다. 성인은 그 나머지 천만 명의 보통사람을 상대로 천하를 다스립니다. 지혜로운 사람이 된 뒤에야 알 수 있는 내용을 법으로 정해서는 안 됩니다. 사람들이 모두 지혜롭지는 않기 때문입니다. 어진 사람이 된 뒤에야 알 수 있는 내용을 법으로 삼아서도 안 됩니다. 사람들이 모두 어질지는 않기 때문입니다. 성인은 법을 정할 때 반드시 명백하고 쉽게 이해할 수 있도록 만듭니다. 정확한 용어를 사용하여 어리석은 사람이든 똑똑한 사람이든 두루 알아볼 수 있도록 합니다. 법관을 설치하고 법령을 관장하는 관리를 두어 온 세상 사람들의 스승이 되도록 합니다. 이들의 역할은 만백성으로 하여금 법 저촉으로 인해 위험에 빠지는 일이 없도록 하는 것입니다.

성인이 즉위하면 세상에 형벌을 받아 죽는 사람이 없게 됩니다. 사형제도가 없어서가 아니라 법령이 명백하고 알기 쉬우며 법관과 전문관리를 두어 천하의 스승으로 삼음으로써 백성들이 쉽게 법령을 이해하기 때문입니다. 만백성 모두가 무엇을 피하고 무엇을 따를 것인지, 즉 재앙을 피하고 복을 따르는 길을 알게 되어 스스로 질서를 잡아가게 됩니다. 현명한 군주는 질서를 잡아가는 방법으로 다스리므로 천하가 크게 안정됩니다.

夫微妙意志之言, 上智之所難也. 夫不待法令繩墨而無不正者, 千萬之

부미묘의지지언, 상지지소난야. 부부대법령승묵이무부정자, 천만지

一也, 故聖人以千萬治天下. 故夫智者而後能知之, 不可以爲法, 民不

일야, 고성인이천만치천하. 고부지자이후능지지, 불가이위법, 민불

盡智. 賢者而後知之, 不可以爲法, 民不盡賢. 故聖人爲法, 必使之明

진지. 현자이후지지, 불가이위법, 민부진현. 고성인위법, 필사지명

白易知. 名正, 愚智徧能知之. 爲置法官, 置主法之吏, 以爲天下師, 令

백이지. 명정, 우지편능지지. 위치법관, 치주법지리, 이위천하사, 영

萬民無陷於險危. 故聖人立天下而無刑死者, 非不刑殺也, 法令明白易

만민무함어험위. 고성인입천하이무형사자, 비불형살야, 법령명백이

知, 爲置法官吏爲之師以道之知. 萬民皆知所避就 - 避禍就福, 而皆

지, 위치법관리위지사이도지지. 만민개지소피취 - 피화취복, 이개

以自治也. 故明主因治而治之, 故天下大治也.

이자치야. 고명주인치이치지, 고천하대치야.

『상군서』의 다른 편들

　　중국 고대 전적을 가장 포괄적이고 체계적으로 정리하고 있는 『한서』「예문지」에는 상앙이 법가 저술인 『상군서』 외에도 『공손앙(公孫鞅)』이란 병법 책 27편이 있었다고 한다. 그러나 오늘날 그 편명까지도 완전히 사라지고 없다. 어떤 저술이었는지, 『상군서』에 들어 있는 몇 편 병법 관련 저술들이 이와 관련이 있는지도 알 수 없다. 나머지 『전국책』에 자주 등장하는 상앙의 주장이나, 제자백가들 저술 속에 언뜻언뜻 비치는 상앙의 말들은 너무 단편적이어서 따로 소개하기가 쉽지 않다. 『상군서』의 다른 편들은 무슨 내용을 담고 있는지 관찰함으로써 상앙 본인의 글에 대한 아쉬운 그리움을 달랠 수밖에 없을 듯하다.

(1) 거강(去彊) 제4편

여러 논의가 잡다하게 뒤섞어 있어 통일된 논지를 찾을 수 없다. 강함과 약함에 대해 논하는가 하면, 가난과 부유함에 대하어 논하기도 한다. 농민·상인·관리를 국가의 중요한 세 구성 축으로 분석하기도 하며, 시·서·예·악·효·공손함·선함·수양 따위가 나라를 망친다고 주장하기도 한다. 가벼운 범죄에 대한 무거운 형벌을 주장한다. 다른 편에서와 마찬가지로 백성들을 오직 농사와 전쟁 한 길로 몰아가야 한다는 얘기와 더불어 여러 가지 경제적·군사적 가치에 대해 언급하기도 한다. 특히 국가의 힘이 어느 정도인지 알려면 호구·창고·말의 숫자 등 열세 가지 수를 조사해보라는 대목은 현대적 의미를 지닌다.

(2) 일언(壹言) 제8편

백성들을 농사와 전쟁에 매진시키는 데 필요한 조치들을 논하고 있다. 옛것만을 본받지 말고 또 오늘날의 것에만 갇혀 있지도 말아야 한다는 주장, 시대 상황과 세상의 변화하는 이치에 맞추어 법을 만들어야 한다는 주장, 백성들의 힘을 하나로 모아 오직 한 가지 일에만 신경쓰도록 해야 한다는 주장 등 다른 편의 주장과 대동소이하다. 형벌을 줄 때 먼저 형벌을 가하고 나중에 상을 주라든가, 상이 많으면 그만큼 간악한 행위도 많다면서 상에 대한 부정적 입장을 드러낸다.

(3) 착법(錯法) 제9편

이 편은 상을 주는 효과에 대해서 긍정적이다. 그러나 상은 반드시 공로가 있을 때 주어야 하고, 그가 하는 노동의 양에 따라 사람을 써야 한다는 것이 이 편의 주지이다. 군주가 상과 벌을 줄 때는 인간의 성정을 잘 이해하라고 주장한다. 법치가 가져오는 효과에 대해 강조하며 법이 분명하면 결국 백성들에게 이익이 된다고 말한다. 상을 긍정한 만큼 공만 많이 세우면 부귀해질 수 있다고 얘기한다.

(4) 전법(戰法) 제10편

전쟁에서의 승부는 반드시 정치적 성공에서 비롯된다고 말한다. 정치를 얼마나 잘 하느냐가 전쟁의 기본 법칙이라는 말이다. 또한 전쟁이 일어나면 반드시 적의 경제력과 적국의 정치 정세를 잘 헤아려야 한다고 주문한다.

(5) 입본(立本) 제11편

용병의 근본을 어떻게 세울 것인가의 문제를 논한다. 상벌과 법령의 권위가 확보되어 백성들의 전투준비가 되어 있으면 전쟁을 치를 수 있다고 말한다.

(6) 병수(兵守) 제12편

방어전쟁을 어떻게 치를 것인가에 관해 논한다. 사면이 적국인 나라는 방어전 준비에 철저해야 하며, 바다를 등지고 있는 나라는 공격전쟁에 나서야 한다고 주장한다. 전 국민의 힘을 전투에 투입시켜 사력을 다해 방어하라고 주문한다.

(7) 근령(靳令) 제13편

일부는 『한비자』의 「칙령(飭令)」을 완전히 베끼고 있으며, 일부는 상앙 사상과 무관한 내용이 들어 있기도 한 출처가 불분명한 편이다. 상앙을 존중한 후인들이 떠다니는 글들을 모아놓은 듯하다. 국가 존망의 관건이 군주의 상벌운용에 달려 있다고 주장한다. 법에 입각하여 말이 아닌 형벌로 다스리면 국가가 안정된다는 것이다. 상과 벌을 오직 농사와 전쟁이라는 한 구멍에서 나오도록 해야 한다고 주장한다.

(8) 수권(修權) 제14편

나라를 다스리는 요체는 법·믿음·권력 세 요건을 갖추는 것이다. 군주가 이 셋을 장악했을 때 질서가 유지된다고 주장한다. 법을 지키기 위해선 일체의 사적인 경로를 틀어막아야 하고, 백성들이 형벌과 상에 대해 믿음을 가질 수 있도록 만들어야 하고, 군주만이 홀로 권력을 독단해야 한다는 것이다. 군주의 위세를 강조한다.

(9) 내민(徠民) 제15편

다른 나라 백성들을 불러 인구를 늘려야 한다고 주장한다. 진나라는 토지는 넓은데 인구가 적고, 주변 나라는 인구는 많은데 땅은 좁다고 상정하며 그 인구들을 끌어들일 방책을 건의한다. 진나라 땅을 개간하는 동쪽 나라 백성들에게 세금과 병역을 면제해주면 몰려올 것이고, 그들이 온 힘을 다해 황무지를 개간하는 동안 진나라 사람들은 전쟁에 전념하면 된다고 한다.

(10) 경내(境內) 제19편

일종의 법령집이다. 경내의 백성들은 남녀를 불문하고 호적에 등기해야 한다. 작위가 있는 사람은 한 등급이 올라갈 때마다 서자(庶子) 한 사람을 국가에 봉사하는 사람으로 길러야 한다. 그리고 군작과 군대편제에 대한 설명, 범죄 시 작위를 어떻게 깎아야 하는가에 대한 논의, 성을 공격할 때의 위치와 대오에 관해서도 언급한다.

(11) 약민(弱民) 제20편

나라를 잘 다스리려면 백성들이 무조건 명령에 복종하고

죽음을 무릅써야 한다. 그들을 방종과 사치에 빠지지 않게 하고 즐겁게 전쟁에 참여할 수 있도록 만들 수만 있다면 부국 강병을 달성할 수 있다. 국가를 좀먹는 여섯 가지 해충을 없애고 오직 농사와 전쟁에만 종사하도록 만들어야 한다. 백성들의 주장이 약해지면 약해질수록 군대는 강해진다. 그렇지 않으면 아무리 경제력이 좋은들 자기 자신도 지키지 못할 것이라고 한다.

(12) 외내(外內) 제22편

사람들이 대외적으로 가장 하기 어려운 일은 전쟁이며, 대내적으로 가장 하기 힘든 일은 농사이다. 그러나 이 둘은 국가로 볼 때 부국강병으로 가는 가장 확실한 길이다. 따라서 백성들이 쉽게 생각하는 장사나 지식추구 따위를 일체 금지하라고 주문한다. 엄한 형벌을 가해 전쟁이나 농사가 형벌보다는 쉽고 고통스럽지 않다는 것을 느끼게 함으로써 목적을 달성할 수 있다고 주장한다.

(13) 군신(君臣) 제23편

군주와 신하의 차등과 작용에 대하여 군주에게 건의한 글이다. 군주가 위아래를 구분하고 관직을 따로 설치하는 목적은 국가를 혼란에 빠뜨리지 않기 위함이다. 오직 법에 입각

하여 말하고 행동하고, 일을 하라고 주문한다. 국가가 강해
지고 군주가 존중받는 나라가 최고라고 한다.

(14) 금사(禁使) 제24편

어떻게 하면 사람들이 나쁜 짓 하는 것을 금지할 수 있는
지, 어떻게 하면 백성들을 복종하게 할 수 있는지 군주에게
건의하는 글이다. 상과 벌을 효과적으로 이용하고, 권세와
술수를 적절히 활용하라고 한다. 관리들의 직권을 명백히 구
분 짓고, 사적인 이익을 추구할 수 없도록 만들어야 한다. 현
인이나 지혜로운 사람 따위는 버리고, 관리와 백성들이 서로
감시하며 죄를 짓지 못하도록 하라고 주장한다.

(15) 신법(愼法) 제25편

법의 중요성을 군주에게 상소하는 글이다. 현인 임용에 대
해 극력 반대하며, 현자 따위를 쓰는 나라는 반드시 혼란스럽
게 된다고 한다. 잠시라도 법을 잊어버려선 안 되며, 온 국력
을 전쟁과 농사로 모아야 한다. 백성들이 국가를 중요시하거
나 군주를 존중하는 까닭은 힘 때문이라고 주장한다. 농사와
전쟁은 힘의 원천이다. 강력한 형벌로 통제하고 상을 믿음성
있게 베풀어 백성들이 즐겁게 자기 일에 충실하게 될 때 부국
강병은 이루어질 것이라고 한다.

3부

관련서 및 연보

『상군서』의 판본은 매우 복잡하다. 당나라 때까지는 많이 읽힌 것 같으며, 송나라 때
에는 비판이 있긴 했지만 책은 간행된 듯하다. 그러나 원나라 이후 평가가 더욱 악
화되고 간행도 중지되어 오늘날 남아 있는 가장 오래된 판본은 원나라 것이다.

『상군서』 관련서

(1) 중국어로 된 주석서들

　『상군서』의 판본은 매우 복잡하다. 당나라 때까지는 많이 읽힌 것 같으며, 송나라 때에는 비판이 있긴 했지만 책은 간행된 듯하다. 그러나 원나라 이후 평가가 더욱 악화되고 간행도 중지되어 오늘날 남아 있는 가장 오래된 판본은 원나라 것이다. 명나라와 청나라를 거치며 복구가 되었고, 특히 청대의 엄가균(嚴可均)이란 어문학자는 『상군서교(商君書校)』라는 책을 내어 『상군서』 연구가 가능하게 만들어 주었다.

　근대인들의 연구로는 1948년 나온 주사철(朱師轍)의 『상군서해고(商君書解詁)』가 가장 탁월하다. 30년 이상의 세월을 이 한 권의 저서에 투입한 그는 선배 학자들의 연구를 종합하여 그 서문들을 실었고, 그 동안의 많은 판본들의 결함을 대폭 수정하고 구두점을 다시 찍어 상앙 연구자들에게 빛이 되었다. 북경·상해·대만 등지에서 계속 출간되고 있다.

『상군서』를 정치학 책으로 보면 진계천(陳啓天)의 『상군서교석(商君書校釋)』이 좋다. 그는 근세 중국학자 중 중국 고대 법가 연구의 선구자이다.[21] 상해의 상무인서관(商務印書館)에서 국학기본총서의 하나로 1935년에 출판된 이 책은 최근 상앙 연구자들에게 아주 널리 읽히고 있다.

최근의 주석서로는 고형(高亨)의 『상군서주역(商君書注譯)』(1974, 북경 중화서국), 장예홍(張禮鴻)의 『상군서추지(商君書錐指)』(1986, 북경 중화서국), 하릉허(賀凌虛)의 『상군서금주금역(商君書今註今譯)』(1987, 대만 상무인서관) 등이 참고할 만하다.

(2) 우리말 번역서들

상앙에 대한 국내 연구는 거의 전무하였다. 부국강병이란 말이 유행하던 70년대 말 연구자들의 관심이 시작된 듯하다. 그러나 단편적인 내용 전달이었고 전문이 번역된 것은 최근의 일이다. 홍익출판사의 기획인 동양고전총서 15번이 『상군서』(지혜의 샘)이다. 김영식이 옮겨 2000년 3월에 출간되었다. 권말에 원문이 수록되어 있다. 마찬가지로 자유문고의 기획인 동양학총서 53번으로『상군서』가 2004년 8월 출간되었다. 강력한 법이 부강한 나라를 만든다는 주제로 남기현이 해역하였다. 모두 300페이지에 육박하는 큰 책으로 주석과 해설이 곁들어 있어 참고할 만하다.

(3) 상앙에 관한 2차 연구서들

앞의 진계천이『상군서교석』과 더불어 출판한『상앙평전(商鞅評傳)』이 있다. 1934년 상해 상무인서관이 처음 출판하였고, 1967년 대북 상무인서관에서 재판을 찍었다. 문고판이지만 시대분석으로부터 시작하여 법치주의·군국주의·중농주의·정치개혁을 나누어 서술한 상앙 연구의 교본이다. 뒤엔『상군서』에 대한 고증문제도 다루었다.

그 후 양관(楊寬)이 1955년『역사교학(歷史敎學)』제9기에 발표한『논상앙변법(論商鞅變法)』을 수정하여 상해 인민출판사에서 1975년 재판을 찍었다. 책 제목은『상앙변법』이며, 전국시대의 정치형세에 대한 새로운 접근을 많이 하고 있다.

필자가 보기에 최근의 연구서 가운데는 정량수(鄭良樹)의 책이 압권이다. 정 교수는 말레이시아 화교로 제자백가 문헌 분석에 오랫동안 업적을 쌓아 많은 성과를 내고 있다. 그의『상앙과 그 학파』(원제 商鞅及其學派)는 1987년 8월 대만 학생서국에서 초판이 나왔다. 총 381쪽에 이르며, 국내외 상앙 및『상군서』관련 연구 업적 가운데 가장 방대한 규모이며 짜임새가 있다. 정 교수는『상군서』를 상앙 개인의 작품이 아닌 상앙학파의 작품으로 분석한다. 상앙 사후 진시황의 통일 때까지 진나라 개혁정치가는 거의 모두 상앙의 후예이며 그들이 상앙학파의 주류라는 주장이다. 상군서 내용을 한 글자 한 글자 분석하면서 당시의 어법, 사건, 기록들과 대조하여 독창적인 아이디어를 제공하고 있다. 우리는 이를 통해 오랫동안 논쟁이 되어 온『상군서』의 진위 문제와 난해한 내용에 대하여 많은 해답을 얻을 수 있다. 전편(前編)은 상군서 성립 시대에 대한 고찰로『상군서』모든 편의 성립 연대를 하나하나 추정하고 있는데, 일부 무리한 시도를 제외하고는 대체로 정확한 근거를 동원하고 있다. 후편(後編)은 상앙학파를 네 시기로 나누어 발전추세를 더듬어가면서『상군서』사상을 분석해 들어가는데, 특히 상벌의 상호관계와 시대적 변천을 그린 대목은 대단히 독창적이다. 중간에 여러 가지 도표를 동원해가며『상군서』내용을 분석한 점도 인상적이다.

(4) 기타

일본에서 나온 책으로는 1970년 중국고전신서라는 이름으로 시리즈로 간행된 책 가운데『상자(商子)』가 있다. 청수결(淸水潔)이 현대 일본어로 풀어서 해석하였으며, 원문을 아래에 부기하였다.

영어 번역본으로는 듀벤닥(Duyvendak J. J. L., 중국명 戴聞達)의 『The Book of Lord Shang』이 있다. 1928년 영국 런던의 Arthur Probsthain 출판사에서 출판된 이 책은 1963년 미국 시카고대학에서 중간되었다. 매우 일찍 오랜 시간을 투자해 번역해낸 선구적 업적으로 영미권에선 고전처럼 읽히고 있다. 『상군서』의 진위에 대한 긴 해설을 앞에 붙이고 있으며, 난해한 곳마다 풍부한 주해를 달아주었다. 해석상 오류가 일부 있긴 하지만 영국에선 중국 연구의 대표 저작으로 손꼽힐 정도의 역작이다.

상앙 연보

기원전 390년경 주(周) 왕실의 후예들이 만든 위(衛)나라 공족의 후예로 상앙이 태어났다. 이 해는 주 안왕(安王) 12년이며 간지로는 신묘(辛卯)년이다. 천재적 자질을 갖춘 상앙은 어려서부터 형명(形名)학을 좋아했다. 명분과 실질의 상호관계를 중시하는 형명학을 상앙은 주로 시교(尸佼) 등에게서 배운 듯하다. 당시 가장 유행하던 학문은 유가·법가·명가·묵가 사상 등이었는데, 상앙은 이런 여러 학파의 학문을 두루 섭렵한 듯하다.

기원전 385년 진(秦)나라 서장(庶長)들이 군주를 죽이고 새 왕으로 헌공(獻公)을 옹립하였다. 진나라 정치가 혼란한 틈을 타 위(魏)나라의 침공을 받고 대패하였다. 이 무렵 상앙과 동시대의 법가 사상가로 신하제어의 술을 개발해 한(韓)나라를 튼튼히 지켜낸 신불해(申不害)가 태어났다.

기원전 384년 진나라에서 사람을 순장하는 악습을 폐지하였다. 이 해에 그리스에선 아리스토텔레스가 태어났다.

기원전 382년 위나라에서 공숙좌(公叔座)가 재상이 되었다. 모함으로 쫓겨난 오기(吳起)는 초(楚)나라로 망명하여 재상급인 영윤(令尹)이 되어 정치개혁을 성공시켰다.

기원전 372년경 노(魯)나라에선 나중 유가사상을 크게 번창시킨 맹가(孟軻)가 태어났으며, 기원전 368년경 송(宋)나라에선 나중 도가사상을 크게 번창시킨 장주(莊周)가 태어났다. 이 무렵 상앙은 강국 위나라로 와서 재상 공숙좌의 문하생 겸 식객이 된 듯하다.

기원전 365년경 상앙은 위나라 공족을 관리하는 중서자(中庶子)에 임명되었다.

기원전 364년 진헌공의 군대는 한·위·조 연합군을 석문(石門)에서 격파하고 6만 명을 참수. 주 왕실이 축하하였다.

기원전 362년 진헌공이 죽고 아들 거량(渠梁)이 즉위하였다. 그가 효공(孝公)하였다.

기원전 361년 진효공 원년 천하의 현인을 초빙해 정치개혁에 성공하면 땅을 나누어주겠다는 초현령(招賢令)을 반포하였다. 이 해 위나라 재상 공숙좌가 병 문안을 온 위왕에게 젊은 상앙의 발탁을 건의하였으나, 혜왕(惠王)은 미친 사람 취급하였다. 상앙은 위나라를 떠나 진나라로 향하였다. 그는 효공의 총신 경감(景監)을 통해 왕을 배알하고 유세를 벌였으나 효공의 지지를 얻지 못하였다.

기원전 360년 왕도와 패도 등 여러 가지 변설로 효공을 설득하였으나 크게 받아들여지지 않았다.

기원전 359년 상앙은 부국강병 정책과 농전(農戰)사상으로 진효공을 설득하는 데 성공하였다. 효공을 보좌하여 제1차 변법을 시작하였다. 상앙은 진나라 작위등급 기준으로 10등급인 좌서장(左庶長)으로 승진하여 개혁의 총대를 매고 변법을 총 지휘하였다.

기원전 358년 진나라가 서산(西山)에서 한나라 군대를 격파하였다. 태자가 법을 어기자 상앙은 가차없이 그의 스승을 처벌하였다.

기원전 355년 제1차 변법의 대성공으로 강국으로 부상한 진나라는 당시의 최강국이던 위나라와 두평(杜平)에서 회합하여 위세를 과시했다.

기원전 354년 효공 8년 상앙이 거느린 군대가 원리(元里)에서 위나라 군사 7천을 참수하고 소량(少梁)을 취하는 등 연전연승하였다.

기원전 352년 상앙은 총리급이자 통병관(統兵官)인 16등급의 대량조(大良造)로 승진하여 명실상부한 진나라의 2인자가 되었다. 상앙이 제2차 변법을 단행하였다. 진나라는 위나라 안읍(安邑)을 공격하여 항복 받았다.

기원전 351년 신불해가 한나라의 재상이 되고, 상앙은 군대를 이끌고 위나라 고양(固陽)을 포위하여 항복 받았다.

기원전 350년 상앙의 주도 하에 진나라는 수도를 옹(雍)에서 함양(咸陽)으로 천도하였다. 동시에 진나라의 작은 읍들을 묶어 전국을 31현(縣)으로 만들고,[22] 각 현에 영승(令丞)을 두었으며 기존의 토지제도인 정전(井田)을 폐지하고 경작지를 중심으로 한 천맥(阡陌)제도를 시행하였다. 진효공과 위혜왕이 동(肜)에서 회동하였다.

기원전 349년 적의 수급을 하나 베면 작위 1등급을 올려주는 상앙의 새로운 20등 작제가 실시되었다.

기원전 348년 진나라에서 처음으로 부(賦)라는 조세제도를 실시하였다.

기원전 342년 위 왕이 직접 상앙의 군대를 공격하였으나 패배하였다.

기원전 341년 상앙은 정치개혁 및 군사적 공로를 인정받아 상(商) 지역 15개 읍을 봉지로 받아 제후 반열에 올랐다.

기원전 340년 상앙이 군대를 끌고 위나라를 공격하여 대장인 공자 앙(卬)을 생포하였다. 위나라는 안읍 서쪽의 하서

(河西) 지역이 진나라에서 떨어짐으로 인해 수도를 대량 (大梁)으로 옮겨야 했다. 이때부터 위나라를 양나라라 부르기도 했다. 이 해는 귀족정치를 비판하며 『초사(楚辭)』라는 명문장을 남긴 애국시인 굴원(屈原)이 초나라에서 태어난 해이기도 하다.

기원전 339년 진나라는 위나라와의 안문(岸門) 전투에서 위나라 대장을 포로로 잡는 전과를 올렸다. 거듭되는 위나라와의 다툼으로 강국 위의 국력이 점차 쇠진하고 진나라가 그 위치를 대신하게 되었다.

기원전 338년 45세의 진효공이 죽었다. 죽음에 임박해 상앙에게 왕위를 물려주려 하였으나 상앙이 법에 어긋난다면서 이를 거부하였다. 효공의 아들 사(駟)가 계승하니 그가 바로 혜문왕(惠文王)이다. 그는 진나라 역사상 처음으로 왕이란 호칭을 사용하였다. 얼마 후 상앙은 왕을 위시한 반개혁 세력 연합의 공격을 받았다. 결국 반역자로 몰려 여기저기 쫓겨다니다가 붙잡혀 처형되었다. 가족도 몰살당하였다. 평생 그를 따랐던 그의 식객 시교는 촉(蜀) 지역으로 도망하였다.

기원전 337년 한나라의 신불해가 죽었다.

기원전 336년 맹자가 양혜왕을 배알하고 인의의 정치를 주문했으나 쓰이지 않았다.

주

1) 중국 근대의 핵심 사상가 중 한 사람인 양계초(梁啓超)가 『중국의 6대 정치가』란 책을 펴냈는데, 맥맹화(麥孟華)가 제2편 상앙 부분을 썼다. 참고로 양계초가 고른 중국 역사상 가장 위대한 정치가 여섯 사람은 상앙 외에 춘추시대의 관중(管仲), 위진시대의 제갈량(諸葛亮), 당나라의 이덕유(李德裕), 송나라의 왕안석(王安石), 명나라의 장거정(張居正)이다. 모두 정치개혁에 몰두하여 역사의 흐름을 바꾼 사람들이다.

2) 「상군열전」에 따르면 위국의 서얼공자(庶孽公子)로 되어 있다. 위국은 주 무왕의 동생 강숙(康叔)의 봉지였다. 부모로부터 물려받는 성(姓)은 주 왕실의 성인 희(姬)씨이며, 분가해 얻은 지역연고의 씨(氏)는 강숙의 경우 공손이었다. 따라서 상앙의 원래 성은 공손이 맞다.

3) 원래 땅 이름은 오(鄔) 또는 어(於)라 불렸는데, 나중 상(商)으로 이름을 고쳤다.

4) 상앙이 좌서장 벼슬을 하게 된 해에 대하여 『사기』에서도 두 가지로 얘기하고 있다. 「상군열전」엔 상앙이 진효공을 섬긴 지 3년 만에 좌서장에 올라 제1차 변법을 진두지휘했다고 되어 있으나, 「육국연표(六國年表)」에는 진효공 6년에 상앙이 좌서장에 임명되었다고 쓰여 있다. 사마천도 헷갈린 듯하다. 정치개혁은 상앙 일생의 강령으로 진나라의 새로운 탄생이 상앙의 작품이라는 다른 기록을 참조할 때, 제1차 변법은 효공 3년에 단행된 듯하다. 또한 진나라 20등 작제의 특수성에 비춰볼 때, 정치개혁의 총수로서 좌서장 벼슬 또한 그 해에 이루어진 것으로 볼 수 있다.

5) 대량조는 상앙의 20등 작제에 의하면 곧 16등급인 대상조(大上造)이다. 다른 나라의 재상 격이며 통병관(統兵官)이다. 중원 각 국은 보통 제후 아래 경·대부·사의 직급을 두었는데, 상앙의 작제는 20등으로 오늘날에 적용

하여도 손색이 없을 만큼 매우 체계화되어 있다. 1~4급은 사, 5~9급은 대부, 10~18급은 경, 18~19급은 제후에 해당한다. 장현근「상앙의 정치이론과 변법」(중국문화대학 석사학위논문, 1987) 74~75쪽에 상세함.

6) 상앙에 관한 기록은『사기』외에도『전국책』의「진책(秦策)1-3」과「제책(齊策)4-5」·「초책(楚策)4」·「위책(衛策)」등에 실려 있다. 제자백가의 다른 책에도 많이 등장한다.

7) 한편「화책」편에는 인물을 대표 삼아 역사를 3세로 구분하기도 한다. 최초의 시기는 호영(昊英)의 시대로 "나무를 베어 쓰고 짐승을 잡아먹었는데, 인민은 적고 나무와 짐승은 많은" 소위 수렵시대이고, 다음은 신농(神農)의 시대로 오늘날 얘기하는 농경시대로 "남자는 경작하여 음식을 마련하고, 여자는 직조하여 옷을 마련했다." 그 뒤를 이은 것이 황제(黃帝)의 시대로 "강자가 약자를 누르고, 다수가 소수를 억눌렀다"고 한다. 경제적 특징과 국가권력의 탄생을 이용하여 시대구분의 지표로 삼았다.

8) 이러한 상벌운용의 차이에 입각하여『상군서』를 분석함으로써『상군서』를 '상앙학파'의 저작으로 결론 내린 정양수(鄭良樹)의『상앙 및 그 학파』(대북: 臺灣學生書局, 1987)는 이 분야의 탁월한 연구업적이다.

9)『상군서』엔 이를 여자(餘子)라 부른다. 주나라 때 병역제도는 한 집에 한 사람씩 정하여 이를 정졸(正卒)이라 하였다. 정졸 외에 아직 장년이 되지 않은 사람, 또는 신체에 문제가 있는 여분의 남자들로 농사와 전쟁 어디에도 주체적으로 참여하지 않은 사람을 여자라 하였다.

10)『상군서』가 한 사람의 단일 저작이 아니기 때문이라는 설이 유력하다. 예를 들면 상앙이 여덟 가지라고 했는데, 그의 후예들이 한둘씩 덧붙였다는 얘기다. 여섯 마리 이라는 육슬에 대해서는 국익을 해치는 대표명사로 생

각하면 된다.

11) 중국 전역에서 봉건제도를 완전히 폐기한 것은 이사의 건의를 받아들인 진시황의 봉건폐지명령에서 비롯한다. 그러나 진나라에서 봉건의 폐지는 이사의 작품이 아니라 상앙의 작품으로 보아야 한다. 원나라 때 학자 마단림(馬端臨)은 그의 유명한 저서 『문헌통고(文獻通考)』에서 이를 상세히 언급하고 있다. 상앙의 20등 군작제에 따라 사실상 세습 토지를 갖는 제후가 없어지고, 작위 이름과 토지가 분리되어 군권(軍權)과 정권(政權)이 구분되었다는 사실이 이 주장을 뒷받침해준다.

12) '외유내법'이라는 중국의 정치전통이 '유학의 법가화' 결과이고, 법가 반지성주의에 입각한 존군비신론의 연장이라는 주장에 대해선 『중국정치사상입문』(장현근 편저, 서울: 지영사, 1997), 207~238쪽 여영시(余英時)의 논의를 보면 많은 증거를 찾을 수 있다.

13) 5패는 오백(五伯)을 말한다. 패(覇)는 가차한 글자이다. 『백호통의』「호(號)」편에 "패란 백이며, 방백(方伯)의 직무를 수행했다"고 되어 있다. 5패에 대해선 세 가지 주장이 있다. 첫 번째 주장은 곤오(昆吾)·대팽(大彭)·시위(豕韋)·제환공(齊桓公)·진문공(晉文公)을 다섯 패자로 삼는다. 두 번째 주장은 제환공·진문공·진목공(秦穆公)·초장왕(楚莊王)·오합려(吳闔閭)를 다섯 패자로 삼는다. 세 번째 주장은 제환공·진문공·진목공·송양공(宋襄公)·초장왕을 5패로 삼는다. 『순자』「왕패」편엔 진목공과 송양공을 물리치고, 오합려와 월구천(越句踐)을 집어넣는다. 그러나 고유(高誘)는 『여씨춘추』「선기」편 및 「당무」편을 주해하면서 첫 번째 주장과 세 번째 주장을 두루 취한다. 응소(應劭)는 『풍속통의』「황패(皇霸)」편에서 첫 번째 설을 취하며 '초장왕과 진목공은 모두 패자로 부르

기에 부족하다'고 세 번째 설에 반박한다. 이렇듯 5패에 대한 학설이 분분한데, 학자들 대부분은 첫 번째 주장과 세 번째 주장을 채용하고 있다.

14) 『사기』에 태호(太皥) 복희씨라 했다. 복(伏)은 包, 庖, 炮, 虙, 宓으로도 쓰며, 희(羲) 또한 犧, 戲로도 쓴다. 사마정(司馬貞)의 『사기』「삼황본기」 보완부분을 보면 '희생양을 길러 푸줏간[庖廚]으로 보냈으므로 포희(庖犧)라 불렀다'고 한다. 『주역』「계사」전에 '포희씨가 죽고 신농씨가 맡았다. 나무를 잘라 보습을 만들고, 나무를 다듬어 쟁기를 만들었으며, 쟁기와 호미의 이로움으로 세상 사람들을 교화하였다'고 한다. 『춘추』의 「원명포(元命苞)」와 「운두추(運斗樞)」엔 모두 복희·여와·신농을 3황으로 삼는다. 정현(鄭玄)의 「육예론(六藝論)」은 여기에 근거한다. 『낙서(洛書)』「견요도(甄耀度)」는 수인(燧人)·복희·신농을 삼황으로 삼는다. 『예기』「함문가(含文嘉)」,『상서대전(尙書大典)』「초주고사고(譙周古史考)」는 이와 같으며, 『백호통의』 또한 이를 이용하면서 동시에 복희·신농·축융(祝融)이 3황이란 주장을 취한다. 『위공전(僞孔傳)』은 『예기』「계명징(稽命徵)」에 근거하여 복희·신농·황제를 3황으로 여긴다. 그러나 이렇게 되면 오제 가운데 한 사람이 빠지게 되므로 이 주장은 가장 맞지 않다. 『사기』「진본기」엔 천황·지황·태황(泰皇)을 3황으로 삼으며, 사마정의 「삼황본기」 주해는 천황·지황·인황을 3황으로 여긴다. 『사기』,『대대예기』,『백호통의』는 모두 황제·전욱·고신·요·순을 오제라 한다.

그러나 5제에 대해 여러 가지 주장이 있다. 『예기』「월령』,『여씨춘추』「십이기」에는 태호·염제·황제·소호·전욱을 5제라 한다. 『상서』와 『위공전』 서문은 소호·전욱·고신·요·순을 5제로 삼는다. 여러 주장들 중 『사기』가 가장 뛰어나다. 복희씨는 목축(가축과 방목)을 가르쳤으며, 신농씨는 농사(쟁기질과 김매기)를 가르쳤다. 모두 백성들을 가르쳐 이롭게 하는 데 주안점을 두었을 뿐, 형벌을 사용하지 않았다. 교이부주(敎而不誅)란 이것을 일컫는다. 황제는 치우를 죽였으며, 요는 사흉(四凶)을 형벌에 처하였고, 순은 유묘(有苗)를 정벌하였다. 그들이 비록 군대와 형벌을 사용하여 백성들의 해독을 제거하였으나 중점은 여전히 교화에 있었다. 주이불노(誅而不怒)란 이것을 일컫는다.

15) 역대 주석서에는 이 부분을 두 가지로 해석한다. 원문 '惰民不窳而庸民無所於食'의 窳자 밑을 끊어 읽으면 용(庸)자를 평범하다는 의미로 봐야 하고 해석은 '나태한 백성들에게 게으름을 피우지 못하게 하면, 일반 백성들은 달리 먹을 것을 구할 곳이 없게 되므로 반드시 농업에 종사하게 된다'이다. 다른 한 가지 해석은 옮긴이와 같이 용(庸)자 밑을 끊어 읽어 문장 서두와 일관성을 살린다.

16) 원문엔 그냥 삼관(三官)이라고 되어 있을 뿐 구체적으로 어떤 사람들을 지칭하는지 알 수 없다. 그러나 「거강(去彊)」편에 국가에서 없어서는 안될 세 부류의 사람들에 대한 설명이 있다. 농업·상인·관리가 그것이다.

17) 여기서 말한 여섯 가지와 네 가지에 대하여 『상군서』 어디에든 구체적인 언급이 없다. 주사철은 『여씨춘추』, 「귀생(貴生)」편의 기록을 참조하여 사람들이 바라는 여섯 가지를 삶·죽음과 이목구비(耳目口鼻)에서 비롯되는 욕구라고 풀이하였다. 사람들이 힘들어하는 네 가지는 엄한 형벌, 준엄한 법, 농사일, 전투를 뜻한다고 한다. 이 문단의 맥락으로 보면 꼭 일치하지는 않지만 참고할 만하다.

18) 원문의 영(贏)자는 재물의 잉여를 말한다. 이 글자가 위의 원문과 일치하지 않으므로 도(道)자로 바뀌어야 한다는 주장이 있다.(장예홍의 경우) 그러나 문장의 맥락으로 볼 때 '재물에 여력이 있는 사람들'이라고 번역하여

도 뜻이 통한다. 여기서는 원문 그대로 두었다.

19) 『사기』「관채세가(管蔡世家)」에 따르면 반란죄로 처형당한 사람은 친형 관숙이고, 유배당한 사람은 곽숙이 아니라 주공의 손아래 친동생 채숙(蔡叔)이다. 여기서 곽숙으로 쓴 것은 상앙 혹은 후대 출판자의 착각인 듯하다.

20) 원문 기린녹이(騏驎騄駬)는 판본에 따라 여여거거(麗麗巨巨) 또는 기린(麒麟) 등으로 다르다. 이에 대해선 장예홍의 분석이 참조할 만하다. 그는 여여거거를 공공거구(蛩蛩巨丘)의 오기라고 생각한다. 공공거구는 가장 잘 달리는 짐승으로 얘기되어 온 공공(邛邛)과 거허(距虛)를 뜻한다.

21) 『중국법가개론』 외에 그는 권력의 입장에서 제자백가 사상을 분석하여 『중국정치철학』을 쓰기도 하였다.

22) 『사기』의 「육국년표」엔 31현을 두었다고 하고, 「진본기(秦本紀)」엔 41현을 두었다고 한다. 정확한 숫자는 알 수 없다.

살림서

동양의 마키아벨리즘

초판 인쇄 | 2005년 2월 5일
초판 발행 | 2005년 2월 12일

지은이 | 장현근
펴낸이 | 심만수
펴낸곳 | (주)살림출판사
출판등록 | 1989년 11월 1일 제9-210호

주소 | 110-847 서울시 종로구 평창동 358-1
전화 | 02)379-4925~6
팩스 | 02)379-4724
e-mail | salleem@chollian.net
홈페이지 | http://www.sallimbooks.com

기획위원 | 강영안 · 정재서
책임편집 | 배주영 · 소래섭
본문교정 | 오세연 · 이영란

ⓒ (주)살림출판사, 2005   ISBN 89-522-0315-1 04080
                         ISBN 89-522-0314-3 04080 (세트)

값 8,900원